미국인의 발견

차례
Contents

'있는 그대로'의 미국

    미국은 북미대륙 본토만 해도 동서로 약 4,300㎞, 남북으로 약 3,000㎞에 달하는 거대한 국토를 자랑한다. 또한 미국 동부에서 서부까지 한 나라임에도 불구하고 무려 4시간의 시차가 존재할 만큼 광활하다. 그만큼 미국에는 각 지역에 따라 경제상황, 산업구조, 관습이나 문화 등이 제각각이다. 도저히 한 나라라고 생각하기 힘들 정도로 다르다. 그 때문에 너무도 불편한 이들 제도나 법률 등을 통일하고자 하는 움직임도 있다. 그렇지만 고도의 자치를 구가하는 각 주의 반대로 쉽지는 않다. 따라서 어쩔 수 없이 우리가 흔히 원용하는 '자유'라는 미명하에 그 상이함을 방치할 수밖에 없다. 그 대신 최소한으로 요구되는 전체적인 규범이나 제도, 법률을 어길 경우에는 가혹할 정도로 철저하게 응징하곤 한다.

　이렇게 볼 때 너무도 다채로운 면면을 지닌 나라 미국은 우리처럼 동일한 법, 제도, 관습, 문화 안에서 화목하게 단결하며 살아갈 수 없는 운명을 지닌 나라이기도 하다. 큰 규모가 아니라서 서로 양보할 것은 양보하고 취할 것은 취하며 모두에게 적용될 수 있는 합의점이나 공동규율 등을 취할 수 있는 우리와는 너무 다르다. 바로 이와 같은 이유로 인해 각 지방자치체마다 조례규정권한이 있다고는 해도 법이나 제도 등이 깔끔하게 잘 정리된 시스템에 익숙한 우리들이 복잡하게 얽히고 설킨 채 살아가는 '합주국(合州國)' 미국이라는 나라를 이해하기란 결코 쉬운 일이 아니다.

　이러한 미국에 대해 우리는 자기가 접하고 경험한 미국에만 비추어 그것이 마치 미국 전체의 모습인양 말하곤 한다. 물론 그러한 시각이 틀렸다고는 생각하지 않는다. 미국은 그만큼 광대한 나라이므로 보고 접하는 사람의 수만큼 정의 또한 다양할 수 있기 때문이다. 광활한 영토 안에 무궁무진한 자원이 존재하는 까닭에 굳이 타인의 일에 나설 필요가 없어 고립주의가 자연스러운 나라 미국. 이와 같이 고립의 전통 속에서 자신이 사는 주(州) 밖을 나가 본 적이 없는 미국인들 또한 상당수에 달한다. 이러한 미국인들은 외국 및 외국어 등에 그다지 관심을 갖고 있지 않고 미국 밖의 소식은 대부분 미국의 매스컴을 통해 접하게 마련이다. 그런데 미국의 매스컴이 자국의 국익에 얼마나 민감한가. 이렇게 볼 때 이들 매스컴을 통해 미국 이외의 다른 나라를 접하는 일반 미국인들은 과연 올바른 시각을 가질 수 있을까.

한편 지금까지 우리는 정치경제라는 거시적 측면에서 미국을 바라봐 왔다. 그러나 아직까지 미국의 일반적인 삶의 면면을 조망하는 미시적 시각에 대한 자료와 정보는 충분하지 않은 듯하다. 미국에 대한 동경과 아메리칸 드림에 대한 막연한 기대 등이 그로 인해 야기된 결과일 것이다. 특히 우리 삶이 고되게 다가올 때 머릿속으로 그리며 키워 온 미국이란 나라는 대부분의 경우 우리의 상상 속에서나 존재할 뿐 실재하지 않는다. 우리는 지금 19세기나 20세기 초반에 살고 있는 것이 아니다. 우리에게는 현재적이며 균형 잡힌 시각이 필요하다.

이러한 맥락에서 필자는 그동안 우리가 제대로 보지 못했던 일반 중산층 미국인의 부정적 모습과 미국 사회가 가진 부(負)의 모습을 적지 않게 다뤄보았다. 그렇다고 필자는 반미주의자도 친미주의자도 아니다. 미국을 그저 있는 그대로 바라보며 인식하고자 하는 사람에 불과하다. 이러한 필자가 미국 사회의 부정적인 측면까지도 여과 없이 다룬 책을 구상하게 된 것은 미국 밖의 세계(특히 아시아권)가 미국을 실제 이상으로 과대평가한 채 상대적으로 자기 폄하하는 등 위축되는 경향이 있기 때문이다. 다시 말해 미국과 미국인은 그 자리에 그대로 있는데도 우리들이 이쪽으로 가져갔다가 부러워하고 또 저쪽으로 가져가서 열등의식에 빠지곤 하는 그 안타까움을 지적하여 우리가 만들어낸 이미지 속의 미국이 아닌 '있는 그대

5

로의' 미국을 알림으로써 아시아 사회에 팽배한 불필요한 대미 열등의식, 자기 비하를 다소나마 개선하는 데 일조하고 싶은 마음에서 글을 쓰게 된 것이다. 이와 같은 맥락에서 우리에게 알려진 (아니, 우리가 만들어 낸) 미국의 허와 실을 제도나 이론의 경직된 서술이나 고찰이 아닌, 일상적인 삶 속에서 자연스레 접하는 형태로 엮어 보았다.

아름다운 나라, 미국

　미국은 광대한 국토를 가지고 있는 만큼 각 지역의 기후나 풍토 또한 매우 다양하다. 북부 알래스카는 극한지, 서부 애리조나는 사막지대이며 남부 루이지애나는 아열대 등등 지구상의 웬만한 기후나 풍토를 미국이라는 한 나라에서 모두 느낄 수 있다. 그야말로 미국인들이 칭송하듯 무엇과도 비교할 수 없는 신의 위대한 선물이 아닐 수 없다.

　국토가 이렇게 크다 보니 미 본토에만도 4개의 시차가 존재한다. 동부시간(Eastern Time; 한국 마이너스 14시간), 중부시간(Central Time; 한국 마이너스 15시간), 서부 산악부시간(Mountain Time; 한국 마이너스 16시간), 태평양시간(Pacific Time; 한국 마이너스 17시간). 상황이 이렇다 보니 미국의 동일한 주(州) 안에서도 시차가 존재하는 경우도 있다. 예를 들어 서울과 인천이라는 도시 간의 시차 외에도 경우에 따라서는 인천 내에서도 시차가 존재한다는 것이다. 텍사스 주처럼 큰 주(州)에서는 2시간의 시차가 존재하기도 한다.

미국 영토의 광활함을 좀더 실감나게 느끼기 위해 이번에는 동부 뉴욕에서 서부 로스앤젤레스까지 자동차를 타고 한번 달려보도록 하자. 미국 동부에서 서부로 향하는 여정은 먼저 평균고도 1,000m의 애팔레치아 산맥을 끼고 지나면서 시작된다. 서서히 들어서게 되는 미시시피 강을 중심으로 한 비옥한 대평원의 중서부지역. 이 지역에서는 지평선까지 이어진 고속도로를 직선으로 달리게 된다. 그러면서 4,000m 규모의 산들이 꼬리에 꼬리를 무는 로키산맥이나 몇 개의 계곡 그리고 시에라네바다 사막 등을 달리고 또 달리게 된다. 이 여정에서는 상상 속의 모험세계에서만 펼쳐질 듯한 광경과 마주치기도 하며, 태양에 물려 검붉게 물드는가 하면 불현듯 빛이라고는 한 점 없는 암흑의 세계를 지나기도 한다. 이 대륙횡단에는 약 일주일 정도의 시간이 소요된다.

한편 이와 같이 광활하고 다양한 미국을 그저 '미국'이라는 한 단어로 뭉뚱그려 묘사하거나 몇 개의 특징만을 언급한다는 것은 무리일 수밖에 없다. 미국보다 훨씬 규모가 작은 한국만 해도 각 지역마다 뚜렷한 특색, 이를 테면 각 지역의 방언이나 문화, 생활양식 등이 존재하지 않는가. 미국 역시 마찬가지다. 아니, 마찬가지가 아니라 우리보다 훨씬 더 많은 다양함이 존재하는 것이 자연스러운 일이다.

그런데 바로 이러한 특색들이 한 나라이지만 한 나라가 가져야 할 '공통점'들 중 많은 것을 가지고 있지 못한 국가 미국을 규정짓는다. 다시 말해 미국(The United States of America)이라는, 더도 덜도 아닌 고도의 자치주(州)들의 집합체인 합주국의 특징을 띠게 하는 것이다.

이와 같은 미국을 잘 이해하고 그 나라와 어울려 살아가기 위해서는 우선 미국인의 일반적인 국민성과 각 주의 주민성을 만들어 온 미국 각 지역의 특색을 살펴보는 것이 선결과제가 아닌가 생각한다. 이러한 맥락에서 북미대륙(미국 본토만을 대상으로)을 동부, 중서부, 서부(서북부 산악지대, 서남부 사막지대 서부 해안지대), 남부로 구분하여 그 특징을 개괄해 보는 것도 의미 있을 것이다.

동부지역, 미국 건국의 발상지

동부지역 중 메인 주, 버몬트 주, 매사추세츠 주 등 이른바 '뉴잉글랜드(식민 본국인 잉글랜드에 비해)' 지역은 영국을 비롯한 유럽의 영향을 가장 많이 받은 곳으로 아직까지 격식과 전통을 소중히 여기는 곳이다. 뿐만 아니라 독립전쟁을 통해 미국 독립을 이끌어 낸 곳인 만큼 신생 미국에 대한 남다른 자부심과 애국심을 지닌 백인 부유층들이 많이 모여 사는 곳이기도 하다. 때문에 독립 직후 미국인들은 이 동부지역에 향

후 미국을 건설하고 발전시킬 중요한 기간산업 및 교육시설을 집중 투자하였으며 그 결과 하버드 대학, 예일 대학 및 아이비 리그로 불리는 명문대학이 이곳에 집중되어 있다. 이와 같은 이유로 주로 WASP(White Anglo-Saxon Protestant)라고 불리는 이들은 명문가(old stock)라는 자부심을 가지고 미국 사회의 전통보수로서 자리잡고 있다.

한편 같은 동부지역에 속하지만 뉴잉글랜드 지역의 남단에 위치한 뉴욕, 펜실베이니아, 뉴저지, 델라웨어, 메릴랜드 주의 5개주. 이들 지역은 역내의 뉴욕이나 워싱턴 D.C.와 같은 정치경제의 중심지가 위치해 있어 전미 각 지역뿐만 아니라 세계 각지에서 모여든 사람들이 어울려 살고 있다. 따라서 이곳은 세계 각지의 인종, 문화, 관습 등이 어우러진 국제화된 지역이며 그만큼 '비미국적인' 것에 대해서도 수용적이며 관대할 수밖에 없다. 한편 이를 역으로 보면 그만큼 본래의 미국적인 색채를 많이 잃어버린 곳이라고도 할 수 있다. 따라서 이곳을 보고 미국을 판단한다는 것은 어불성설일 수도 있다.

여하튼 이와 같은 동부지역이야말로 오늘의 미국을 이끄는 지역이라 할 수 있다. 그렇기에 세계 각국의 시선뿐 아니라 광대한 미국의 다른 지역에서도 동부지역을 예의 주시하고 있어 이곳에 거주하는 사람들의 자긍심은 실로 대단하다. 반대로 이곳 주민들의 이미지를 타 지역 사람들에게 물을 경우 마치 서울 사람들을 '샌님' '깍쟁이'로 바라보는 우리나라 타 지역 사람들의 시각과 크게 다를 바 없다 해도 무리가 아닐 것이다.

그런데 같은 동부라도 뉴욕지역은 활기 넘치는 대도시 중의 대도시로 다양한 이문화가 공존한다는 이미지를 가지고 있는 반면, 매사추세츠 지역은 아직도 청교도의 전통이 강하게 남아 묵묵히 일만 하며 즐길 줄 모른다는 이미지가 강하게 남아 있다.

중서부지역, 미국의 하트랜드

미국 최대의 곡창지대로 전형적인 미국적 삶과 미국인의 목소리를 들을 수 있는 곳이라 일컬어지는 중서부는 동부의 끝자락인 펜실베이니아 주의 서쪽에 위치한 미시간, 오하이오 주부터 시작해서 서쪽의 사우스다코타, 네브래스카 및 캔자스 주를 포함한 지역을 일컫는다.

이곳 중서부 미시간 주에 위치한 자동차 공업단지 디트로이트나 일리노이 주의 시카고 등은 국제화된 공업도시이다. 그렇지만 이 중서부지역은 전통적으로 비옥한 옥토가 있어 미국 제일의 곡창지대요 낙농업지대로 정평이 나 있다. 그 단적인 예로 할리우드 영화나 미국 드라마 속에 자주 등장하곤 하는 자동차로 달려도 끝없이 펼쳐지는 보리밭과 옥수수밭, 낙농업 풍경 등이 바로 이 지역의 특성이라고 할 수 있다. 우리가 상상하기 힘든 '미국만의' 거대한 스케일을 자랑하는 곳인 것이다.

우리는 흔히 미국 하면 정치경제의 중심지인 동부지역을

떠올리며 미국의 이미지나 미국의 목소리도 주로 동부지역에서 형성된다고 생각하기 쉽지만 사실은 그렇지 않다. 인간 삶의 근간은 든든한 식생활의 확립이요, 이곳 중서부지역이야말로 빵과 옥수수, 우유 등 평범한 미국인들의 기본적인 식생활을 좌우하는 토대를 갖춘 곳이 아닌가. 그렇기 때문에 그들의 삶과 목소리가 그만큼 중요시되며 같은 이유로 이곳 중서부야말로 전형적인 미국적 삶과 미국의 여론이 형성되는 곳이다. 실제로 시카고가 있는 일리노이 주를 중심으로 한 이곳 중서부 지역은 미국의 하트랜드(심장지역)라 일컬어지고 있다.

그런데 이곳은 바다와는 거리가 먼 내륙 곡창지역이 대부분이라 외부와의 교역 기회가 상대적으로 적다. 실제로 외국은 고사하고 자신이 출생하고 성장한 주(州) 이외의 다른 곳으로 나가 본 적이 없는 사람들도 많으며, 바로 이 때문에 고립주의적이며 배타적인 기질이 이곳 사람들의 자연스런 풍토가 되다시피 하였다. 제1, 2차세계대전 당시 미국의 참전을 완강히 반대한 것도 이와 같은 맥락에서 이해할 수 있다.

아울러 이곳은 일부 대도시를 제외하고는 외국, 특히 유럽으로부터의 이민이 유입되기 이전에 이미 동부 미국인들에 의해 개척된 곳이라 주민의 거의 대부분이 신교도일 정도로 종교적으로도 통일된 양상을 보인다. 이와 같은 배경으로 인해 중서부의 보수적인 문화기풍은 현재까지도 이어지고 있는데, 실제로 미국의 다른 어느 지역보다도 흑인이나 여타 인종이 드문 지역이다. 물론 현재는 연방정부나 주 정부의 여러 정책과 보조금 등에 힘입어 점점 나아지는 추세를 보이고 있기는 하지만 말이다.

다음은 서부지역이다. 그런데 동일한 서부라도 각 주마다의 특색은 너무나 다르다. 캘리포니아의 일반적인 이미지는 해안을 따라 한없이 이어지는 고속도로를 온화한 태양이 동행하는 것에 비해 텍사스는 끝없이 전개되는 황무지라는 이미지 등. 따라서 서부지역을 다음과 같이 또다시 구분하겠다.

서북부 산악지대, 카우보이의 도시

이 지역에는 서부내륙의 대부분을 가로지르는 로키산맥이 있다. 이 로키산맥은 남북으로 총 4,500m에 이르며 북쪽으로는 몬태나, 아이다호 주, 중앙으로는 와이오밍, 유타 주를 포함하며 남으로는 콜로라도와 뉴멕시코 주까지 이른다. 이러한 광대한 로키산맥이라는 지형적 영향을 받아 이 지역은 카우보이(독립심이 강하고 자연에 융화되어 살아가는 이미지)로 대변되는 등 우리가 TV 등을 통해 흔히 접해 온 미국 서부시대의 중심 무대지이기도 하다.

이 지역은 대부분 산악지대로 이루어져 있어 옐로스톤 국립공원으로 대변되는 광활하며 울창한 산림과 광물자원 그리고 대평원 등이 그 특징이라 할 수 있다. 따라서 자신들을 둘러싼 풍요로운 자연자원만으로도 충분히 윤택한 삶을 살 수 있는 이 지역 주민들에게는 굳이 남의 일에 간섭하지 않으려는 보수적·고립적 성향이 자연스럽다. 실제로 보수적 기풍이 농후한 모르몬교도 로키산맥을 안고 있는 유타 주에 그 거점을 두고 있다. 그렇지만 현재는 인근의 서부 해안지역과 가장 가까운 네바다 주의 라스베가스에 세계적인 카지노 도시가 자리잡는 등 변화의 바람이 없는 것은 아니다.

한편 백인들은 이곳과 중서부 및 동부지역에서 그 주류를 이루고 있다. 그런데 굳이 이곳과 동부 백인들 간의 특성을 밝힌다면 동부 백인들은 앞서 밝힌 바와 같이 다종다양한 문화의 유입으로 인해 외부세계에 대해 관대하며 개방적인 기풍을 지닌 반면 이곳 백인들은 주로 1차 산업에 종사하며 자연과 함께 살아가는 사람들이 대부분인지라 외부세계와의 접촉이 그만큼 적다. 실제로 중서부지역이나 서부 산악지대에서는 백인이 압도적인 주류를 차지하고 있어 다른 인종을 보기 힘든 곳도 적지 않다. 때문에 이곳에서는 아직도 자기들만의 관습과 문화를 지키려는 보수적 기풍이 다른 지역보다 훨씬 두드러진다.

서남부 사막지대, 중남미의 색깔이 짙은 곳

이곳에 속하는 지역으로는 뉴멕시코, 애리조나 텍사스의 서부 샌안토니오 등으로 남미 멕시코와 국경을 접하고 있어 중남미계의 인구구성이 높으며, 그만큼 그들의 문화, 관습적인 영향이 크다. 이곳은 역사적으로도 스페인이 일찌감치 유입되었으며, 이후에는 멕시코의 영토가 된 바 있어 중남미에 가톨릭이 정착된 곳이기도 하다. 이후 미국인이 서부를 개척할 당시 신교가 함께 들어와 그 이후로 프로테스탄트의 영향을 많이 받고 있으나, 아직도 선주민들의 상당수는 가톨릭을 믿고 있으며 중남미로부터의 끊이지 않는 이민과 지정학적 이유 등으로 인해 일상생활에서 구교인 가톨릭의 영향도 적지 않다.

이와 같은 배경으로 인해 현재 이 지역에는 스페인계 및 중남미계 인구비율이 40%를 훨씬 넘어서고 있으며, 그로 인해 이 지역은 자연히 국제색이 짙은 편이다. 실제로 북미대륙의 중서부 및 서북부 산악지대 등과 비교할 때 개방적이고 유화적인 성향이 강한 곳이다. 요약하면 이곳 서남부 사막지대에는 그 지리적인 특성상 적지 않은 남미계 미국인들이 분포하고 있는 만큼 그들의 문화와 관습, 생활양식이 이 지역의 큰 특징을 이루고 있다.

서부 해안지대, 미국이 아닌 미국

한국에서 비행기를 타고 미국으로 향할 경우 미국 본토 중 가장 먼저 도달할 수 있는 이 지역은 태평양에 면하고 있는 워싱턴, 오리건 및 캘리포니아 주의 3개 주가 속해 있다. 이들 지역이 미국령이 되기 전, 워싱턴 및 오리건 주는 영국령이었고 캘리포니아 주는 멕시코령이었지만 서부개척시대에 각각 미국 땅으로 할양받아 오늘날 미국이 된 것이다. '서부개척시대'란 주지하다시피 캘리포니아에서 금광이 발견된 이후 1848년부터 약 10여 년간 미국 전역이 '골드러시'로 몰려들며 서부지역의 발전을 가져오게 된 시기를 이른다. 또한 캘리포니아 주는 19세기 말경 대륙횡단 철도를 완성하기 위해 필요한 많은 인력을 중국인을 비롯한 아시아인들로 충당하게 되면서 다채로운 국적의 사람들이 유입되는 계기를 만들었다. 뿐만 아니라 1930년대 세계대공황 당시 직업을 구하기 위해 전세계 각지에서 수많은 사람들이 몰려들게 되었고, 그 결과 캘리포니아는 '미국이 아닌 미국'이라고 불릴 만큼 아시아계 이민을 포함한 다종다양한 인종 및 민족, 문화가 공존하게 된다. 이러한 배경에 힘입어 이곳 사람들은 미국의 다른 어느 지역보다도 자유와 평등, 문화다원주의 기풍 및 외부세계에 대해 개방적이며 관대한 태도를 가지고 있는 것으로도 유명하다.

한편 이곳 캘리포니아는 미국 영화산업의 중심지 할리우드의 거점이기도 하다. 초창기 미국 영화의 거점은 정치경제의 중심지인 뉴욕에 있었다. 20세기 초반까지만 해도 백인 주류파인 WASP가 그 막강한 자본력을 바탕으로 뉴욕을 거점으로 하여 미국의 영화산업을 좌지우지하고 있었던 것이다. 이에 대한 반발과 저항으로 독자적인 영화를 제작하고자 하는 사람들이 모여 새로운 활동의 거점으로 삼은 곳이 바로 로스앤젤레스 근교에 있는 할리우드이다.

이들은 히피운동 등으로 대변되듯 1960~1970년대에 활발

했던 저항문화(주로 동부지역의 주류 백인 보수세력에 대한)의 산실이 캘리포니아라는 점에 착안했고, 더욱이 영화촬영에 빠질 수 없는 산악지역이나 해안지역도 함께 있는 이곳을 새로운 문화발상지의 메카로 삼게 된 것이다. 이후 이 할리우드의 자유주의 기질은 이 지역뿐 아니라 북미 전체를 걸쳐 상당한 영향력을 행사하고 있음은 두말할 필요도 없다.

남부, 보수적 색채와 독특한 문화를 간직하다

이 지역은 남북전쟁 당시 전쟁의 격전지였던 곳이 많다. 남북전쟁에서 패배한 백인들이 이곳에 남아 그들 나름의 한과 설움을 담아온 탓인지 이 지역은 또 다른 보수, 배타적 색채가 강하게 남아 있는 곳이다. 이곳 남부지역은 다시 북남부지역(버지니아, 켄터키, 노스캐롤라이나, 테네시, 아칸소)과 남남부지역(조지아, 앨라배마, 미시시피, 플로리다, 루이지애나, 텍사스 주)으로 대변할 수 있다. 이 중 특히 남남부지역 주들은 남북전쟁의 패배 이래 이곳 남부 조지아 출신의 지미 카터가 대통령으로 당선되기 전까지 상당한 정신적 고립기를 보내야 했다. 그때문에 흑인들의 영혼이 깃든 음악이라 불리는 재즈음악의 메카인 뉴올리언스도 바로 이 지역에 위치하는 등 북미대륙의 여타 지역과는 또 다른 독특한 문화를 간직한 곳이다.

한편 이 지역의 주요 산업으로는 이전 노예제 하에서 발달한 면화, 사탕수수, 담배, 곡물 농사 등 1차 산업이 전통적으로 강세를 띤 반면, 지금은 전미의 균형발전이라는 정책에 힘입어 따사로운 기후를 충분히 활용한 공업 및 텍사스, 휴스턴의 우주기지 등 최첨단 하이테크 산업이 자리잡고 있기도 하다. 미국의 대표적인 방송 CNN도 조지아 주의 애틀랜타에 그 거점을 두고 있다. 결과적으로 남부지역은 과거 노예를 거느렸던 곳인 만큼 아직도 흑인들이 상당수 거주하고 있어 그들의 문화와 관습, 생활양식이 이 지역의 큰 특징을 이루고 있다.

그런데 남부에서는 누구에게나 미소 짓는 행동이 관습화되어 있다. 따라서 조지아 주에서는 모르는 여인이 길 가던 행인에게 미소 짓더라도 이상할 것이 없지만, 그녀가 동부지역, 특히 뉴욕 주 북서부의 뉴잉글랜드에서 동일한 행동을 한다면 아마도 무슨 일이 벌어질지도 모른다. 그러나 중서부지역에서는 이 여인의 부드러운 미소가 오해의 소지 없이 받아들여질 것이다. 정치적인 면에서도 동부의 매사추세츠 지역은 매사추세츠 공화국이라고 불릴 만큼 진보적인 반면 남부지역은 보수적인 색채가 특히 강하다.

아침식사만 보더라도 남부에 속한 여러 주들은 농업이 그들의 주 산업이기 때문에 옥수수 죽과 같은 음식을 취한다. 그러나 이웃한 서부의 '카우보이' 텍사스 주는 지정학적 특색을 살린 목축업 등의 영향을 받아 아침부터 소고기를 즐긴다. 양측은 서로에게 손가락질하며 비웃곤 하지만 간단히 한 끼를 때우고 마는 바쁜 동부지역 사람들에게는 두 식사 모두 버겁

기만 하다. 하긴 오로지 일밖에 모르고 정신적인 여유가 없다는 이미지를 지닌 동부사람들에게 한심한 게으름뱅이라는 이미지의 남부사람들이나 뺀질거리는 반항아라는 이미지의 서부사람들의 아침식사는 거창하게 보일 수밖에 없을지도 모른다.

함께 그리고 다르게

이와 같이 미국 각 지역들의 고유한 특성에 대해 「뉴욕타임스」(1973년 11월 11일자)는 미국의 지역구분은 교통발달로 인한 높은 이동성과 국가 전체적인 경제발전 등으로 인해 과거의 유물이 되어버렸다고 지적한 바 있다. 그러나 반드시 그렇지만은 않아 보인다. 경제발전에 의한 전국의 획일화 지적도 일리 있는 주장이지만 남부 산악지대인 테네시 주의 1인당 연평균 소득이 뉴욕 주의 절반 정도에 불과, 오히려 각 지역 간의 경제력 차이를 심화시켰다. 또한 높은 이동성으로 인해 사람들은 더 이상 선천적으로 부여된 라이프스타일에 구속받지 않게 되었다. 다시 말해 자신들만의 라이프스타일을 추구, 더욱 적합한 특색이 있는 지역으로 모임으로써 그 지역의 고유색이 더욱 강화되는 결과를 빚게 되었기 때문이다.

이러한 점에 대해 사회학자 윌버 제린스키 박사 또한 『미국의 문화적 지형 The Cultural Geography of the United States』에서 "앞으로의 삶은 제비뽑기식과 같이 자신의 의지와 무관하게 전개되어 온 기존 형태와는 다를 것이다. 스스로의 삶의 목적과 기호에 따라 각 개인이 선택할 수 있게 되었다"고 적고 있다. 이를 반영하듯 사회학자 피터 골드 박사가 미국의 4개 대학 학생들에게 장래의 거주희망지에 대한 설문조사 '인간, 공간 그리고 환경(Man, Space and Environment)'을 실시한 결과, 동부나 서부 출신자들은 남부에서의 거주에 강한 반감을 표시했고 남부출신 학생들도 동서부에서의 거주에 부정적 견해를 피력했다. 이처럼 미국의 '존이공존(存異共存)'은 계속적으로 이어지고 있는 것이다.

이와 같이 풍요로운 자연자원과 다채롭고 아름다운 국토를 가진 미국을 보면 부러움과 시기심이 생기기도 한다. 바로 이런 점 때문에 우리 외국인들은 미국인들에게 '약해지곤' 하는데, 그렇다면 그곳 미국인들의 삶이 우리가 생각하는 만큼 과연 한없는 동경의 대상임에 틀림없을까? 한편 이와 같은 북미대륙의 '위대함'을 달리 해석하면 바로 이러한 자연조건 때문에 미국인들은 '우물 안 개구리'가 될 가능성이 크며, 또 스스로도 그와 같은 우물 안 개구리요 고립을 굳이 마다하지 않는 속성을 지니게 만드는 듯하다.

미국의 고립주의적 특성이야 미국의 역사적 맥락을 살펴보면 쉽게 이해될 수 있지만, 초강대국 미국의 주인들이 우물 안 개구리라 함은 선뜻 이해되지 않을 수도 있을 것이다. 다음 장에서는 그곳 사람들의 일상적인 삶의 면면을 들춰봄으로써 이와 같은 의문사항에 대해 고찰해 보도록 하겠다.

어느 평범한 미국인의 하루

　우리는 흔히 미국인들의 삶은 우리보다 훨씬 나을 것이라고 생각하고 부러워한다. 그런데 과연 그럴까? 미국인들의 대다수를 차지하는 직장인들, 과연 그들은 우리가 생각하고 기대하는 것처럼 이른 오후에 퇴근하여 각자의 여가를 즐기는 것일까? 이 장에서는 먼저 일반 미국인들이 그리는 아메리칸 드림, 중산층의 이상적인 생활모습을 살펴보자.

　그러나 미국 사회에는 다채로운 인종문화가 공존하는 만큼 평균적인 미국인 가정을 추출해내기란 쉬운 일이 아니다. 하지만 대부분의 사람들이 WASP 미국인들의 생활을 동경하며, 또 그들 생활에 상당 부분 동화되고 있으므로 이 글에서는 그들 WASP의 삶을 평균적인 미국 가정으로 삼아 살펴보겠다.

이렇게 볼 때 미국 가정의 이상적인 형태란 평상시에는 한 지붕 아래서 부부와 자녀들이 일상생활을 보내다가 추수감사절이나 성탄절과 같은 특수한 날에는 조부모를 비롯한 친지들이 모두 모이는 형태로 묘사될 수 있다. 이들 가정에서 자녀들은 일반적으로 대학입학 시기에 맞춰 부모 품을 떠나 독립하게 되며, 이후 부부는 둘만의 새로운 삶을 맞이한다. 그러나 실제로는 우리가 생각하는 그들의 삶과 실제 그들의 삶 사이에는 적지 않은 괴리가 존재한다.

푸른 잔디가 드리워진 주택은 일반 미국인들이 꿈꾸는 아메리칸 드림의 하나이며, 사회적 지위를 나타내는 중요 척도의 하나이다. 복잡한 도심 속에서 어느 정도 경제력이 쌓이게 되면 한적한 교외로 나가 푸른 잔디가 깔려 있는 정원 딸린 주택을 소유한다. 그곳에는 그네가 놓여 있고 아이들과 애완견이 함께 어울리며 뒹군다. 이를 정겹게 바라보는 아빠와 엄마는 지글지글 익어가는 바비큐를 뒤집으며 담소를 즐긴다.

이에 비해 실제 그들의 일상은 어떠한가. 자명종과 함께 무거운 몸을 일으키는 그들의 모습은 우리와 하등 다를 바가 없다. 허둥지둥 집을 나선 그들이 향하는 곳은 구조조정의 날이 시퍼런 직장이다. "Good morning!" "Hi!" "I am good!"하며 환한 표정에 높은 톤으로 인사를 주고받지만 그곳은 삶의 전쟁터일 뿐이다. 직장에서 동료와의 경쟁, 상사와의 신경전, 눈치 보기 등으로 만신창이가 되어 버리는 하루 역시 우리와 동일하다. 그런데 우리 사회에서는 그나마 퇴근길에 들르는 한

잔이라는 오아시스가 있지만 미국인들에게는 이도 여의치 않다. 다른 사람들은 퇴근과 동시에 '스위트 홈'으로 향하는데 나만 다른 길로 새거나 서성거린다면, 이후의 온갖 쑥덕거림을 어떻게 감당하나. 속사정이야 어떻든 나에게도 외견상이나마 아무 문제가 없는 스위트 홈이 있음을 보여주어야 한다.

퇴근 후의 풍경. 여기저기 어수선하게 방치되어 있는 물건들은 오늘도 여느 때와 다름없이 육아전쟁을 치러냈을 아내의 일상을 떠올리게 한다. 화장기는커녕 파김치가 되어 버린 아내는 뜨끈하게 젖어든 기저귀에 목청껏 울어대는 셋째를 남편에게 맡기며 둘째 아이와 티격태격 댄다. 한바탕 소동이 끝나고 이윽고 두 아이들을 재운 뒤 맞이하는 저녁식사. 냉동고에 채워 둔 냉동식품 한두 개를 꺼내 전자렌지에 녹여 순식간에 먹어치우는데 그때서야 귀가하는 첫째 아이. 콧등을 뚫고 나온 피어스가 어느새 양 눈썹에까지 달려 있다. 이 눈치 저 눈치 보며 낮에 학교에서 걸려온 전화의 내막을 들으려 달래는데 이도 쉽지 않다. 이 무서운 10대의 청소년. 럭비공 폭탄처럼 언제 어디서 어떻게 터질지 몰라 마음고생이 이만저만이 아니다. "I love you"와 함께 겨우겨우 제 방에 들여보내고 나니 사랑하는 아내, 이번에는 각종 청구서를 덥석 던지며 이러니저러니 잔소리를 해댄다.

물론 다소 비관적인 하루를 묘사했지만 이 역시 지극히 평범한 미국인이 겪는 일상의 한 단면이다. 평범한 미국인 중류층의 삶을 진솔하게 묘사하여 인기를 끈 1999년 아카데미 작

품상 및 남우주연상 수상작 「아메리칸 뷰티」에 나오는 미국 백인의 가정 또한 위의 내용과 별 차이를 보이지 않는다. 이와 같이 경제대국 미국 국민의 삶의 질을 보면 일류 경제대국이라는 수식어가 실감나지 않는다. 물론 20여 년 전의 우리의 삶과는 차이가 있겠지만, 20세기 초를 살아가는 우리의 삶의 모습과는 크게 다를 바가 없는 것이다.

한편 미국인들에게 결혼이란 항상 '밝고 단란하며 행복한 가정'이라는 절대명제에 근접해야 한다는 강박관념이 있는 듯하다. 대부분 사람들의 책상 위에는 '스위트 패밀리'에 이상이 없음을 증명하는 듯한 사진이 놓여 있고, 좋은 일이라도 생기면 사랑하는 아내 덕분이라며 대중 앞에서 진한 키스를 열연해 보이곤 한다. 이런 행동이 얼마나 중요한가 하면 2004년 미국 민주당 대통령 후보 존 케리 상원의원의 예를 보면 그 정도를 알 수 있다. 대통령 후보 지명을 위한 어느 주 예비선거에서 승리한 뒤 그가 행한 아내와의 키스가 어색하다 하여 각종 매스컴에 그 장면이 크게 보도, 가정불화 등의 루머로 이어지며 하마터면 위기를 맞을 뻔하기도 했다. 이처럼 미국인들의 삶도 우리와 크게 다를 바가 없다. 미국인의 일상적인 하루에도 다채로운 삶의 희로애락이 함께하는 것이다.

생활고에 시달리는 미국인

2004년 3월 「뉴스위크」지는 '그 많던 일자리가 어디론가

사라졌다'라는 표제와 함께 미국의 고용 없는 성장에 관한 특집기사를 내보냈다. 국내총생산(GDP)의 경우 2001년 4/4분기 이후 줄곧 성장세를 유지, 2003년 9월에는 무려 8.2%까지 높아졌다. 하지만 같은 기간 실업률도 증가, 2001년 11월 5.6%였던 실업률이 2003년에는 6.4%까지 치솟았다고 한다.

미국의 인구통계국(Census Bureau)에 의하면 2003년 미국 내 빈곤층은 전체 인구의 약 12.4%인 3천 480여 만 명으로 지난 2001년의 3천 340여 만 명에 비해 약 140만 명 정도 늘었다고 한다. 또 전체 아동인구의 약 17.2%인 1천 220여 만 명의 어린이가 빈곤층으로 분류됐으며, 빈곤층 아동 역시 2001년의 1천 150여 만 명보다 약 70만 명 정도 증가했다.

그런데 미국의 이러한 경제상황은 미국인의 비만을 재촉하고 있다. 어려워진 경제사정으로 인해 값싼 햄버거와 콜라 등이 불티나게 판매되고 있기 때문이다. 한편 미국의 어려운 경제현상에 대해 J.P.모건은 최근 5년간 미국의 노동생산성이 연평균 3.3%씩 증가, 제2차세계대전 이후 가장 빠른 성장세를 보였고, 이는 1975년부터 1995년 미국 평균 노동생산성의 2배가 넘는 기록적 수치이며 이러한 생산성 향상이 노동 감소로 이어지고 있다고 분석했다. 또한 2015년까지 1,400만 개의 일자리가 미국 밖으로 빠져나가는 등 이와 같은 추세는 계속될 것이라고 전망하고 있다. 이러한 상황에서 아메리칸 드림을 찾아 들어오는 이민자들의 삶이란 언급할 필요조차 없지 않을까.

하버드 대학 법대 교수인 엘리자베스 워렌은 파산법 전문가이다. 그녀는 『맞벌이의 덫』이라는 책에서 일반적인 미국인의 삶을 요약했다. 그녀에 따르면 4인 가족을 기준으로 요즘의 맞벌이 가계는 1970년대의 가장이 혼자 돈을 벌던 가족보다 75% 정도 수입이 증가했다고 한다. 하지만 가처분 소득은 오히려 70년대 상황에 비해 절반 정도로 떨어졌다고 한다. 그도 그럴 것이 교육환경이 좋은 곳은 우선 주거비 등의 고정비용이 비싸고 이러한 교육환경 등을 고려한 제반 고정비용 비율이 워낙 크다 보니, 유자녀 가계는 무자녀 가계보다 파산할 확률이 3배나 더 높다는 것이다.

한편 미국 한 개인의 경제사는 우리와 꽤 다르다. 옳고 그름의 가치판단을 떠나 그 실태를 이해하기 쉽게 요약해 보자. 대부분의 경우 적어도 대학교육까지 부모의 지원을 받는 우리와는 달리 미국에서는 대학에 입학할 나이가 되면 기숙사에 입주하건 혹은 룸메이트와 함께 생활하건 부모로부터 독립하는 것이 일반적이다. 그러면서 학비는 졸업과 동시에 상환하게 되는 학자금 대출로 해결하고 생활비는 아르바이트 등을 통해 조달하는 경우가 대부분이다. 이런 식으로 대학을 졸업한 미국인들은 대부분 사회생활 첫출발부터 '생계형 빚'을 지고 시작하게 된다.

이와 같이 평범한 미국적 삶을 살아 온 젊은이들은 남편도 아내도 빚을 걸머진 상태에서 결혼하게 된다. 그런데 결혼하게 되면 독신생활과는 달리 부부생활을 위한 많은 생활필수품이 필요하게 되고, 이 모든 것이 또 다른 빚으로 쌓이게 된다. 그러다가 자녀가 생기면 이제는 늘어난 가족을 위해 더욱 많은 생활자금이 필요하게 되고, 빚은 더더욱 늘어갈 수밖에 없다. 이처럼 일반적인 미국인의 삶의 모습은 우리가 동경하고 기대하며 만들어 낸 상상과는 달리 생활고에 시달리는 경우가 대부분이다.

한편 두 쌍 중 한 쌍이 이혼하는 미국. 부부가 이혼하게 되면 자녀 양육을 맡은 쪽에 자녀를 맡지 않는 쪽이 수입의 절반을 양육비 등의 위자료로 지불해야 하니 극소수의 고소득층이 아닌 일반 미국인들의 생활은 충분히 짐작 가고도 남을 것이다.

그런데도 생활 주변에서 쉽게 접할 수 있는 TV드라마나 영화 등에서는 연일 상상하기도 힘든 초호화판 생활상만 쏟아져 나온다. 우리 역시 이와 같은 미디어의 영향을 받긴 하지만(미국에 대한 환상이 결과적으로는 이들 매스컴의 영향이겠지만), 그래도 우리는 실제로 그와 같은 엄청난 차이의 현실을 접하지는 않는다. 하지만 저 멀리 있는 꿈과 괴로운 현실 속에서 일상을 보내야 하는 사람들의 박탈감이야 오죽하겠는가. 아메리칸 드림을 꿈꾸며 매진하는 것은 좋지만 일확천금을 노리며 저질러지는 각종 범죄도 이러한 맥락에서 이해될 수 있지 않을까.

아메리칸 드림의 허와 실

　건국 초창기 벤자민 프랭클린은 유럽인들에게 미국을 다음과 같이 소개했다. "이 나라에서는 혈연이나 지연, 학력 등이 문제 되지 않는다. 오로지 당신들이 무엇을 할 수 있는가, 그것만이 중요시된다." 즉, 출신성분보다는 개인의 능력에 좌우되는 사회로 사회계급이 문제 되지 않는 평등사회라는 것이다. 그렇다면 과연 그러한가?

　미국인이지만 WASP가 아닌, 즉 앵글로색슨계 백인 신교도가 아닌 미국인들의 한계는 이주민 출신 미국인들에게도 마찬가지로 적용된다. 미국 역사상 가장 유능했던 대통령으로 칭송받는 존 F. 케네디 가문은 아일랜드 출신으로 그 출신성분이 미국 사회의 주류가 아니었다. 때문에 신분상승의 한계를 느낀 그의 조부 패트릭 죠셉은 항만노동자, 양주장 경영 등을 통해 필사적으로 부를 축적한 후 보스턴 시 의회의원으로 진출하였다. 이로써 출신성분상의 제약을 어느 정도 만회했다고 생각했지만, 하버드 대학에 진학한 그의 아들 죠셉 패트릭은 아일랜드계라는 이유만으로 가혹한 차별을 겪게 된다. 차별이 얼마나 심했던지 결국 일가는 WASP의 중심지였던 보스턴을 벗어나 다원화 도시 뉴욕으로 이주, 필사적으로 부를 축적하며 고위 정치인들에게 접근하여 결국 프랭클린 D. 루스벨트에 의해 주 영국 대사에 임명된다. 이렇게 2대에 걸쳐 케네디 가문은 겨우 비(非) WASP로서 출신성분의 한계를 극복하게 된다. 그런데 이와 같은 '성공'을 거머쥐는 자들이 과연 얼마나 되겠는가.

10% 미만이 미국 전체 부의 77%를 차지하다

자본주의 체제에서는 우위를 점하는 자, 다시 말해 '가진 자=승자'가 되려면 노력, 능력 그리고 천운이 따라주어야 한다. 이상적인 자본주의론에 의하면 전자의 두 개 요소를 갖출 경우 신분변화를 가져올 수 있다고 말하는데, 자본주의의 대표 격인 미국의 경우 유감스럽게도 그만큼의 능력이 없어도 승자가 될 수 있는 사람은 이미 상당 부분 선천적으로 정해져 있다 해도 과언이 아닐 것이다. 자본주의 체제하에서 많은 경우, 부모들이 가진 정도에 따라 출발선이 다르다는 것 정도는 이미 알고 있는 사실이 아닌가. 오늘날의 미국은 이러한 자본주의의 선봉에 서 있다. 다시 말해 미국에서 역시 노력한다고 해도 누구든지 성공할 수 있는 것은 아니다. 냉정히 말해 선천적으로 자신의 능력 외의 다른 요소에 의해 뒷받침되는 그 무언가가 없으면 아무리 노력해도 그만큼의 결실을 맺지 못하는 경우가 일반적이다.

그래서 그런지 미국인들도 자조 섞인 목소리로 아주 예외적인 경우를 제외하고는 아무리 노력해도 자신의 부모보다 20% 이상 나아지기는 힘들다고 말한다. 이러한 의미에서 자유경쟁이라는 것도 결국은 엄밀히 말해 가진 자들을 위한 논리에 불과하다. 이를 반영하듯 미국에는 아메리칸 드림을 맛본 자들보다 가지지 못한 자가 압도적으로 많은 것이 현실이다. 그리고 이러한 양자 간의 격차는 매년 확대되고 있는데, 현재는 10% 미만의 가진 자들이 미국 전체 부의 77%를 차지하고 있을 정도이다. 허울 좋은 자유경쟁에서 패하고, 또 그 경쟁의 기회조차 갖지 못한 많은 사람들이 의료보험에조차 가입하지 못한 채 세계 최대의 부국이라는 미국의 여기저기에서 나뒹굴고 있는 것이 현실의 모습이다. 가진 자와 가지지 못한 자 간의 사회 양분화가 점점 더 가속화되고 있는 것이다.

자유주의 성향의 진보단체 '예산·정책우선순위센터'는 "소득수준이 적은 하부계층은 매월 근근이 생활하는 실정"이라며 "경기부양을 위해 노력하는 과정에 경기침체로 타격받은 저소득 근로자 가정 지원에 좀더 힘써야 한다"고 주장한다. 이에 대해 보수적 싱크탱크 '헤리티지재단'은 정부의 복지개혁 덕택에 과거 경기침체기와 비교해 더 많은 독신모가 일자리를 유지하여 빈곤층에서 벗어날 수 있었다며 상반된 평가를 내리고 있다. 이상에서처럼 미국 중산층들 역시 우리의 기대와는 달리 미국이라는 국가가 빚어낸 번영의 과실을 맛보지 못하고 있는 것이 현 미국의 모습이다.

신용카드? 아니, 개인수표!

TV나 영화 등을 통해 개인들도 척척 개인수표를 발행하는 미국 사회를 보며 부러움과 동경을 품고 있는 사람들도 적지 않을 것이다. 그런데 이것이 과연 부러워할 만한 일일까?

미국 사회에서는 신용카드 외에 수표 또한 일상화되어 있다. 심지어는 일반 서민들도 슈퍼에서 물건을 구입하고 그 자리에서 자신의 수표책을 꺼내 지불할 금액과 서명 등을 적은 후 한 장 찢어내 지불하는 것이 아주 일반적인 풍경이다. 그런데 한번 생각해 보자. 물건값 지불시 신용카드와 수표발행 중 어느 것이 더욱 신속하고 간편할까.

신용카드는 물건을 구입한 후 점원이 기계에 대고 긁은 다음 그 내역을 확인하여 서명만 하면 끝이다. 이에 비해 수표발행은 우선 지불금액을 아라비아 숫자로 적고 다시 영어로도 그 금액을 기입해야 한다. 아울러 그 금액을 지급받을 상대방의 이름도 기입해야 하고 거래가 발생한 날짜 역시 기입해야 하며 발행하는 본인 자신의 서명도 기입해야 하는 등 신용카드 사용보다 훨씬 많은 시간이 소요되게 마련이다. 그럼에도 불구하고 수표사용이 카드사용보다 더욱 보편화되고 일상적이 된 이유는 무엇일까? 아무래도 그만큼 카드사용이 수표사용보다 불안하기 때문이다.

다종다양한 사람들이 어울려 사는 곳인 만큼 예측을 능가하는 일들이 비일비재한 나라 미국. 신용카드를 둘러싼 범죄역시 시시각각으로 허를 찌르는 다채로움이 연출되니 이에 말려들어 골치 아프거나 실제로 피해를 보는 이들이 적지 않은 것이다. 때문에 이 방면을 담당하는 미국의 관계 기관들이 최첨단 실력을 지녔다고 부러워할 것만은 아니다. 상상치도 못할 고도의 수법들이 속속 활용되는 범죄현장 속에 있으니 밝혀진 수법만을 '뒤쫓기만 해도' 자연히 타국의 관련 기관들보다 그 실력이 월등히 뛰어날 수밖에 없는 것이다.

원칙이 없는 것이 '원칙'

현재 미국은 50개 주 가운데 38개 주가 1996년 동성결혼 금지를 골자로 하는 결혼보호법을 시행 중에 있다. 동성결혼을 합법화시킨 주(2003년 5월, 매사추세츠)도 있고 아직도 강한 거부감을 취하는 주, 침묵을 유지하거나 일정 조건부 허용 등을 고려하는 주도 있다. 호텔 숙박객은 객실에서 오렌지 껍질을 벗겨서는 안 된다(캘리포니아 주), 물속에서 숨을 쉬어서는 안 된다(버몬트 주), 대중의 면전에서 옷을 벗어서는 안 된다(뉴저지 주) 등의 규정들도 있다. 이들 법들은 각 주의 독특한 지정학적·문화적 관습 차이를 반영한 독특한 주(州)법들이다. 미국의 법률, 제도 등은 우리와는 달리 지역특색을 반영한 관습(법)이나 생활문화를 근간으로 하고 있기 때문에 나타나는 현상이다.

이와 같이 미국 각 주의 상황은 달라도 너무 다르다. 따라서 일반인이 그 천양지차를 조목조목 파악하고 살아가기란 거의 불가능에 가깝다. 오죽하면 미국의 저명한 법학자 펠트 교수는 미국 사회의 근본적인 판단기준은 "합리적 사고력을 지닌 사람들의 관점(Reasonable Person's Perspective)"이라는, 그 자체로도 의미파악이 애매한 대전제를 바탕으로 인식할까. 좋은 표현으로 말하면 미국의 유연성이지만 미국은 그야말로 원칙이 없는 것이 원칙인 사회라 할 수 있다.

미국의 각 주는 각 주가 위치한 지리적인 특성(전술한 바와 같은 해안가, 사막지대, 산악지대, 평야지대 등) 및 기후조건, 산업특징 등의 이유로 각 주의 독자적인 정치, 경제, 법률 및 사회시스템을 고집한다. 그로 인해 너무도 많은 것이 달라 우리가 생각하는 '한 나라'라는 상식으로는 이해하기 힘들다는 점에 대해서 잠시 기술한 바 있다. 그렇다면 그에 대한 실례를 들어보도록 하자.

미국을 육로로 여행하다 보면 황량한 들판이나 사막 한가운데에 주(州)의 경계를 알리는 표지판이 덩그러니 놓여 있는 것을 볼 수 있다. 미네소타 주와 위스콘신 주 같은 경우는 드물게 강이 놓여 있어 이를 가로지르는 철교가 경계역할을 하고 있지만, 대부분 주(州)의 경계는 삭막하기 그지없다. 주 경계를 넘었다고 해서 풍경이 바뀌는 것도 없다. 물론 그 가운데에는 마치 '국경'을 넘는 듯한 삼엄한 검문(식물의 병원균 유입 우려 등)을 하는 루이지애나발 텍사스 주행과 같은 주 경계도 있다.

그렇지만 미국에서 주 경계가 바뀐다는 것은 우리나라처럼 경기도와 서울, 충청도와 경상도의 경계를 넘는 것과는 매우 다르다. 주(州)의 경계를 넘는다는 것은 다른 법규나 제도, 규칙, 생활양식을 지닌 새로운 세계로 들어감을 의미하기 때문이다. 이러한 의식은 간혹 각 주를 연결하는 동일한 고속도로를 주행할 때도 필요하다. 예컨대 메릴랜드 주에서 북부 이웃 펜실베이니아로 주행할 때 펜실베이니아 주 경계로 들어가면 주행속도에 주의해야 한다. 메릴랜드 주의 주행허용 속도가 이곳에서는 속도위반으로 처벌받기 때문이다. 이는 두개 주의 자동차 속도와 안정성에 관한 기준이 다르기 때문에 나타나는 현상이다.

또 운전하는 도중 정지신호를 받았을 시 우회전이 가능한 주가 있는가 하면 위법인 주도 있고, 오토바이 헬멧착용을 의무화시키고 있는 주가 있는가 하면 권장하기만 하는 주도 있다. 자동차의 번호판도 주에 따라 디자인이 모두 다르고, 주에 따라서는 번호판 부착을 뒤에만 의무화시키는 곳도 있다. 이렇게 다르다 보니 정지신호 시 우회전이 가능한 주에서 살던 사람이 이를 허용하지 않는 주에 가서 습관대로 운전하다가는 위법으로 처벌받을 가능성이 높다. 그런데 생각해 보라. 과연 얼마나 많은 사람들이 이 모든 사항을 파악하고 있겠는가. 이렇게 볼 때 미국이라는 나라는 결코 거주하기 쉬운 나라가 아니다. 실제로 지식부족으로 피해를 본 미국인 중에는 다른 주로의 육로여행을 저주하는 이들도 있다.

일반 국민생활과 매우 밀접한 세금관계를 살펴보자. 이 또한 '당연히' 각 주에 따라 다르다. 소비세가 아예 없는 주가 있는가 하면 뉴욕처럼 8%를 넘는 주도 있다. 이에 따라 동일한 물건이라도 가격이 다르게 나타나는데, 그 결과 재미있는 현상이 속출된다. 버지니아 주는 일률과세제로 거의 예외 없이 소비세를 지불해야 하는데 비해 포토맥 강 하나를 사이에 둔 이웃 메릴랜드 주는 주의 빈곤층 보호라는 주 정부의 정책 차원에서 식료품에 대한 소비세가 부과되지 않는다. 이에 따라 주말이면 버지니아 주민의 사재기 여행으로 인해 메릴랜드 주의 식료품점은 대만원을 이루게 된다. 이러한 현상은 미 서부 해안지대 주들 또한 마찬가지다. 캘리포니아 주(7% 이상)나 워싱턴 주(6%) 주민들도 동일한 이유로 이웃 오리건(소비세 0%) 주로 물건을 사러 가는 현상이 빚어지는 것이다.

뿐만 아니라 자동차 기름 등 유가(油價)도 각 주마다 조금씩 차이가 난다. 그 이유는 가솔린 자체의 가격은 미국 전체에서 거의 동일하나 각 주마다 서로 다른 유류소비세를 부가함으로써 가격차가 생기기 때문이다. 술에 관한 규정도 물론 다르며 음주허용 연령도 각 주별로 다르다.

재산관계 제도나 법률도 저마다 다르다. 예를 들면 배우자의 불륜 발견으로 이혼수속 중 우연히 구입한 로또가 대박이라는 행운을 불러왔을 때 공동재산제(Community Property)를 채택하고 있는 A주 거주자였다면 불륜여부와 관계없이 그 당첨금액을 배우자와 균등히 배분해야만 한다. 결혼생활 중에 생긴 수입은 부부의 공동재산이 되기 때문이다. 하지만 이런 제도를 채택하지 않은 다른 주 거주자였다면 당첨금은 구입자의 단독재산(Separate Property)이 된다. 그런데 이 양 제도의 절충형격인 제도를 채택하고 있는 주도 있으니 일반인이 이런 것을 모두 구분하여 숙지하기란 쉬운 일이 아니다. 어쩌면 그때그때의 운에 따라 생각 없이 사는 것이 오히려 속 편할지도 모른다.

또 다른 예를 보면 A주에서 변호사로 활동하던 사람이 A주에서 B주로 건너갈 경우 주 경계를 넘음과 동시에 그의 변호사 자격은 상실된다. 즉, B주에서 변호사로 활동하는 것은 위법이 된다. 만약 B주에서 변호사 활동을 하려면 처음부터 다시 그 주가 시행하는 변호사 시험에 응시하든가 아니면 일정기간 경과 후 별도의 심사에 의해 자격을 부여받아야만 한다. 각 주가 변호사제도에 대해서도 역시 독자적인 시스템을 보유하고 있어 동일한 과목을 평가하더라도 그 내용이 다르므로 나타나는 현상이다.

한편 법원 시스템도 다르기는 마찬가지다. 크게는 미국의 중요 국가이익 등을 대상으로 한 연방지법, 연방고법, 연방대법의 3심제가 있다. 각 주 또한 3심제를 채택하고 있으며 A주 지방법원, 고등법원, 대법원 등으로 구분할 수 있다. 하지만 실제로는 이들 명칭이 서로 다르거나 A주 고등법원 명칭이 B주에서는 대법원 명칭으로 사용되기도 하는 등 실로 복잡다단하기 그지없다.

여기서 우리가 혼동하기 쉬운 한 가지가 있다. 흔히들 "미국의 대법원 판결에 의하면"이라는 표현을 자주 사용하는데, 이때 말하는 대법원이란 정확히 어느 곳을 의미하는지 불명확할 때가 많다. 다시 말해 연방대법원인지 혹은 A주 대법원인지 B주 대법원인지를 명확히 구분할 필요가 있다는 것이다. 연방대법원의 판결과 어느 특정 주 대법원 판결의 무게가 같을 수 없기 때문이다.

그러면 사건이 발생했을 경우 어떤 경찰조직에 신고해야 할까? 평범하게 하루하루를 살아가는 미국 일반인들의 삶에는 FBI, 즉 연방 관할권인 삶과 주(州) 경찰 관할권인 삶, 그 이하 시군구 등의 자치단체 경찰 관할권인 삶이 있다. 이를 간단하게 설명하면 미국 국익과 관련되거나 연방법 관련 사안, 두 개 이상의 복수 주(州) 사이에 걸친 사안(diversity)이 아닌 이상 FBI와 관련된 삶은 보통 미국인의 일상과는 다소 거리가 있다. 주 경찰 또한 고속도로에서의 속도위반 등 몇 가지 사안을 제외하고는 접하게 되는 경우가 드물다. 결국 우리의 경찰과 같은 역할을 하는 미국 경찰은 시나 군, 구의 경찰들이다. 그렇다면 여러 주(州) 간에 걸친 사안이 발생하게 된다면 어떻게 될까? 이때는 FBI도, 또 사건과 관련된 각 주들도 관할권을 가지게 되므로 문제는 상당히 복잡해진다.

한편 위와 같은 광범위한 재량권은 각 주가 서로 다른 독특한 이미지를 살려나갈 수 있도록 촉진하는 역할을 맡기도 한다. 예를 들어 사막 한가운데에 위치한 네바다 주는 사막이 차지하는 비중이 워낙 많은지라 이렇다 할 특정 산업이 없었다. 이에 주 정부는 주세(州稅)를 철폐함과 동시에 카지노와 매춘을 일찍부터 합법화시켰다. 그 결과 도박으로 유명한 도시 라스베가스가 네바다 주에 들어섰다. 이로 인해 도박과 매춘이라는 특색이 붙기는 했지만, 황량한 사막을 가진 네바다 주는 전미 가운데 가장 부유한 주의 하나로 거듭날 수 있게 되었다.

이와 같이 "더욱 강하게 단결하기 위해 우리는 이 헌법을 제정한다"라는 연방 헌법전문이 무색한 오늘날의 미국. 단결이나 통일이란 가치를 내세울 형편이 안 되어 대내적으로는 소위 '자유'라는 미명하에 각 주를 그대로 방치할 수밖에 없는 나라가 대외적으로는 세계화라는 어설픈 미국식 세계관과 미국식 정의를 강요하는 모순을 전개하고 있다.

미국 각 주의 다양성만큼이나 우리가 사는 이 세계에도 다양성과 다원주의가 공존하고 있다. 그런데 다수와 소수가 다양한 관계를 맺고 살아가는 우리 모습을 특정 국가의 편협한 잣대로 재단하려 함은 과연 옳은 일인가. 이는 최대한으로 미국 각 주의 자치를 인정하는 그들의 대내정책과 비교했을 때 부당하기 그지없는 일이다. 지구촌 각국의 진정한 공존과 형평성 있는 자유민주주의를 위해서는 미국의 각 주가 다양한 이해관계와 고유성을 구가하듯 더욱 다채로운 미국 밖의 세계에도 각각의 특색을 인정해야 함이 마땅하다.

여하튼 미국은 우리가 생각하는 국가의 모습과는 사뭇 다르다. 이를 테면 전세계 국가들의 연합체를 국제연합(UN)이라 호칭하듯, 미국 내 각 주라는 '국가'들의 연합을 미국연합이라고 표현할 수 있을 정도로 각 주는 국제사회에서의 여러 국가들만큼 너무 다르다. 이렇게 볼 때 '미국 이해하기'란 그 개념 자체부터 애매모호한 것이 아닌가 생각된다. 따라서 뉴욕 주 이해하기, 캘리포니아 주 이해하기, 미네소타 주 이해하기 등의 접근방식이나 미 동부, 미 중서부 이해하기 등의 접근방식이 더욱 현실적이지 않을까.

'어쩔 수 없는' 자유

어쩌면 우리는 미국에서 말하는 '자유'라는 개념을 잘못 이해하고 있을지도 모른다. 왜냐하면 그들의 자유와 우리의 자유 사이에는 너무 많은 차이가 있기 때문이다. 이에 대해 중국인 변호사와 판사, 일본의 법률가들은 이구동성으로 말한다. "많은 경우 사회주의 국가 중국에서조차 아무렇지도 않게 누릴 수 있는 일이 미국에서는 단속되고 처벌받는다. 이러한 미국이 왜 자유민주주의 국가의 대명사라 일컬어지는지 이해할 수 없다. 관리국가라고 하는 편이 더 옳지 않을까? 일상생활에서 겪는 부자유가 이렇게 많은데도 말이다."

우리나라처럼 단일민족으로 구성되어 있고 동일한 관습, 문화, 자연환경을 지닌 나라에서는 구심점을 정하기가 쉽다. 하지만 미국처럼 문화, 관습, 인종 및 종교 등 모든 것이 다르고 이질적인 국가가 구심점을 정해 일사불란하게 움직인다는 것은 결코 쉽지 않은 일이다. 이와 같은 맥락에서도 미국의 자유란 결국 '자유'라는 미명하에 느슨한 통일을 향한 몸부림으로의 연상이 가능하다. 즉, 전체적으로 통일시키거나 일체화시킬 수 없으므로 그 정리 불가능한 부분을 오히려 개성존중이라고 포장하여 '어쩔 수 없이' 자유를 부여하게 된 것이 아닐까 생각된다.

그렇지 않다면 국민생활과 밀접한 도로교통법, 재산관계법, 결혼 및 이혼관계 법 등이 전술한 바와 같이 각 주마다 그렇게까지 판이하다는 것을 이해하기 힘들다. 또한 어쩔 수 없는 자유가 아닌 그 상이함을 능동적으로 인정하는 자유라면, 왜 미국에서는 전미에 통일적으로 적용되는 통일상거래법전이나 각종 범죄에 대해 통일적으로 적용되는 현대형법전 등을 제정하기 위해 끊임없이 노력하고 있는가.

사실 전미에 공통적으로 적용되는 통일된 법률제정 작업은 이미 오래전부터 시작된 일이다. 하지만 이는 결코 쉬운 작업이 아니어서 오히려 긁어 부스럼을 만들기도 했다. 그 한 예가 변호사 자격증을 주는 변호사 시험(Bar Exam)의 어정쩡한 형태이다. 변호사 시험은 전미에서 일관되게 시행되는 주요 법 6과목을 대상으로 한 객관식 시험과 각 주마다 다른 형태의 주관식 에세이 시험 등으로 구성되어 있다.

그런데 대부분 주의 에세이 시험은 전자의 객관식 6과목을 다루고 있는데 문제는 이 내용이 서로 다르다는 것이다. 구체적인 예를 들면 형법의 경우, 전국 공통 객관식에는 전술한 현대형법전의 내용이 그 대상인데 각 주 에세이에서 출제되는 형법시험에는 각 주 정부가 규정한 독자적인 형법이 그 대상이 된다. 여기서 문제는 같은 형법이라지만 '살인' '강도' '절도'나 '강간' 등 그 개념 및 성립요소, 면책사유와 처벌방법 등이 각기 다르다. 따라서 수험생들은 울며 겨자 먹기로 서로 다른 두 가지를 모두 외워야 한다.

이틀에 걸쳐 시행되는 변호사 시험에서 대부분의 주는 첫째 날 전국 공통의 객관식 시험을 실시하고, 둘째 날은 주관식 에세이 시험을 치른다. 때문에 수험생들은 첫째 날 시험이 끝나자마자 다음 날의 시험을 위해 그동안 공들여서 공부하고 외웠던 '전국 공통용' 법률지식을 지워버리고, 그 머릿속에 동일한 과목이지만 이제는 해당 주에서 규정한 다른 내용으로 대체한다. 그런데 전체적인 내용은 비슷하지만 세세한 부분에서는 미묘하게 달라지므로 그야말로 이중고통이 아닐 수 없다. 미국 하면 일반적으로 합리주의와 실용주의, 효율주의로 알려져 있지 않았던가. 그런데 이러한 시험방식이 과연 합리적이며 효율적인가.

상황이 이러하니 이래저래 살찌는 것은 변호사이다. 전국적인 통일을 지향하는 법도, 각 주마다 다른 법도 서로 제각각인 상황 속에서 일반인들이 이들 법률에 대해 잘 알 리가 만무하기 때문이다. 그러니 변호사가 판칠 수밖에 없다. 그런데 미국의 여러 직업 가운데 가장 방대한 윤리규정이 제정되어 있는 것이 바로 이 변호사라는 직종이다. 이는 이렇게 방대하고 세세하게 제정하지 않으면 안 될 만큼 실제 변호사들의 직업윤리가 형편없다는 것을 반증하는 것이기도 하다. 여기서 씁쓸한 것은 바로 그들이 미국 사회의 최고 엘리트 집단으로 대접받으며, 또 실제로 미국을 움직이는 수뇌들이라는 점이다. 이와 같은 현상을 개탄한 비웃음인지 미국에서는 변호사가 되기위해 근본적으로 필요한 두뇌구조가 있다고 한다. 다름 아닌 '좌반부는 거짓말, 우반부는 탐욕'이라는.

그들, 보통 미국인의 삶

일반적으로 청소년기에 자주 나타나는 인격장애(personalty disorder)나 인간관계 장애(relational disorder)가 최근에는 인간 관계로 인한 신경불안 및 스트레스로 인해 성인들 사이에서도 심각한 지경에 이르고 있다. 그 결과 미국정신의학회(APA)는 2002년 9월, 이와 같은 관계장애를 정신과 진료항목의 신분야로 추가할 것을 검토하고 있다고 발표했다.

한편 우리는 흔히 미국인들이 타인을 별로 의식하지 않은 채 자신만의 삶에 충실한 것으로 알고 있는데 과연 그럴까? 미국인들은 주변을 의식하지 않을까? 위의 발표를 보면 반드시 그렇지 않다는 것을 알 수 있다. 이처럼 미국에도 위와 같은 관계장애나 인격장애와 같은 정신과적 증상을 호소하는 사람들이 나날이 증가하고 있다.

여기서 먼저 우리가 저지르기 쉬운 오류 하나를 지적해 보겠다. 미국에서 길을 지나치다 누군가와 눈이 마주쳐 "Hi!"하고 인사를 건네거나 혹은 우연히 만난 사람이 "How are you doing?"하고 인사해 올 때 우리는 중학교에서 배운 대로 반사적으로 "Fine, Thank you"와 더불어 "and you?"라며 되묻는다. 그러면 어찌된 일인지 미국인들은 다소 당황해 한다.

위의 인사는 교과서 영어 인사에 익숙한 우리가 실제 미국 사회에서 맨 처음에 범하기 쉬운 해프닝 중의 하나이다. 인사를 받아 다정하게 인사로 되묻는 정중한 행위가 상대를 당황하게 만든다니 어찌된 영문일까? 이에 대해 재미 외국인 관련 업무를 보는 한 미국인의 말에 따르면 미국인들의 인사는 상당히 의례적이고 형식적이라고 한다. 따라서 누군가가 "Hi!"하고 인사를 건넬 경우 이쪽에서도 그저 "Hi!"하고 답하든가 아니면 "I am good"하고 끝내면 된다는 것이다. 그러면 그 상대는 그냥 그대로 하던 일을 계속 하든가 의례적으로 "Good"하며 인사를 끝내게 마련인데, 이를 괜히 친절하게 "And you?"하고 다시 물으니 상대방이 당황하게 된다는 것이다.

미국인들. 확실히 다른 나라 사람들보다는 밝고 호탕하지만 그렇다고 실제 그들의 모습은 우리가 머릿속으로 그려내고 생각하는 그들의 이미지에는 훨씬 못 미친다. 게다가 미국에도 대인관계가 원만하지 못한 사람, 원만한 관계를 만들지 못한다는 사실에 대해 자기 비하를 느끼는 사람 또한 적지 않아 사회문제로 떠오르고 있는 실정이다.

때문에 미국에서는 정신과 카운슬러가 고소득 순위 안에 포함된다. 뿐만 아니라 실제로 Dr. Phil이라는 정신과 전문의를 비롯한 여러 전문의 및 심리 상담 카운슬러들이 상담을 해주는 TV프로그램이 여러 채널에서 인기를 누리고 있다. 상담을 희망하는 사람들은 가정생활에서부터 직장 및 동우회 관계에 이르기까지 다양한 인간관계에 대해 상담하며, 방청객들과 시청자들은 이를 관심 있게 지켜본다. 그런데 이러한 현상도 우리가 오해하고 있는 미국인들을 둘러싼 대인관계의 한 단면을 여실히 보여주는 것이 아닌가 생각된다.

실제로 TV와 라디오를 통해 20년 이상 미국인의 건강문제를 상담하고 있는 딘 에델 박사에 따르면 미국인들처럼 정신건강에 대해 스트레스를 받고 육체건강에 대해 불안해하는 사람들도 없을 것이라고 하니 미국인들의 사회관계, 대인관계에서 비롯되는 스트레스는 결코 우리 못지않다 하겠다. 하긴 사람 사는 사회는 어디든 다 똑같지 않은가. 인종이나 관습, 언어 등이 다르다 해도 서면 앉고 싶고, 앉으면 눕고 싶고, 사촌이 논을 사면 배가 아픈 인간임에는 다를 바 없을 것이다.

목소리 큰 사람이 이긴다?

우리는 흔히 자신의 자녀를 '미국처럼' 떳떳하게 자기주장을 할 수 있도록 키워야 한다고 말한다. 당당하고 논리정연하게 자기주장을 밝히고 상대방의 주장 역시 경청하는 가운데 타협점을 도출해내는 그런 미국인들처럼 말이다. 그러면 미국 사회의 대화와 토론이 과연 우리의 기대, 그대로일까?

미국의 토론문화를 언급하기 전에 그 배경으로 미국의 개인주의에 대해 간략히 살펴보자. 미국의 개인주의는 미국인의 85% 정도가 믿고 있는 신교를 근간으로 하고 있다. 그런데 신교의 가르침에 의하면 개개인은 전지전능하신 하나님과의 직접적인 계약에 의해 성립되므로 이 관계에 의하면 신과 자신과의 1차적 관계 외에 타인과의 관계는 2차적인 것에 불과하다는 것이다. 그렇기 때문에 각 개인은 존중되어야 한다.

바로 이와 같은 가르침에 따라 미국인은 누구라도 자신의 생각을 자유롭게 밝힐 수 있으며 타인들은 이를 철저히 존중해야 한다. 그 결과 자신의 의견을 양보하는 '타협'이란 미국 사회에서는 어디까지나 막다른 골목에서 택하는 최종 선택에 불과하다. 이러한 맥락에서 미국인들이 선호하는 의사결정수단인 다수결의 원칙도 자연스럽게 이해가 된다. 미국의 토론문화는 이와 같은 배경을 살펴봄으로써 이해할 수 있다.

그런데 이러한 미국인들의 실제 대화 및 토론 모습은 어떻게 나타나는가? 이 역시 우리의 기대와는 다소 거리가 멀다. 대화나 토론 중에도 각 개인은 존중되어야 하기 때문에 타인의 말을 막아서는 안 되는 법이다. 그렇다고 나 역시 '한 개인'이므로 내 의견도 존중되어야 하질 않는가. 따라서 결국 모두가 상대방이 말하든 말든 상대방이 말하는 도중에도 자기 할 말을 하는 것을 서슴지 않는다. 그런데 이 모습을 상상해 보라. 어떻게 되겠는가? 미국의 여기저기서 다반사로 일어나는 토론들. 그들의 토론 모습을 접해 본 적이 있는 사람들은 알겠지만(아니면 TV드라마나 영화, 혹은 CNN 등을 한 번이라도 유심히 보면 알 수 있다) 그 모습은 토론이라기보다 '목소리 큰 사람이 이긴다'는 표현이 더 적합해 보인다.

물론 토론(debate) 자체가 어원적으로 '물리적 폭력이 아닌, 언어로 상대방을 물리치는 것'이기는 하다. 그렇지만 미국 사회의 토론에 익숙지 못한 입장에서 보면 "너는 네 말을 해라, 나도 내 말을 한다"는 식의 안하무인으로 비쳐지기 십상이다. 여기저기서 자기주장만 흘러나오는 상황에서는 결국 목소리 크고 제스처 큰 사람의 주장이 승자가 되기 쉽다. 즉, 미국은 동양에서 널리 통용되는 격언인 '침묵은 금'이라고 믿는 사람이 살아나기 힘든 사회이다.

I don't know

미국 우주왕복선 컬럼비아호 사고조사위원회(CAIB)는 컬럼비아호 폭발과 관련된 조사 내용을 담은 보고서에서 컬럼비아호 폭발사고는 기술결함과 안전 프로그램의 미비 등의 안전 불감증이 주 원인이라고 밝혔다. CAIB는 NASA의 조직상의 위기와 미진한 관리감독으로 인해 이 같은 기술결함을 조기에 발견해내지 못했다며 NASA의 안전 불감증에 그 책임이 있다고 강조했다. CAIB는 또한 NASA의 안전 의식은 지난 86년에 일어난 챌린저호 폭발사건 이래 조금도 개선되지 않았으며 근본적인 변화가 없으면 이 같은 비극은 계속될 것이라고 지적했다.

한편 우리에게 TV나 영화 등을 통해 비쳐진 미국은 최고급 최첨단 하이 테크놀로지에 의한 빈틈없이 철저한 곳이기 쉽다. 그로 인해 우리는 그러한 미국, 미국인에 대해 섬뜩함마저 느낀다(특히 일본 사회에는 '우리는 미국에 도저히 안 돼'라는 의식이 팽배되어 있다). 그러나 매스컴을 통한 이미지의 세계가 아닌, 실제로 미국에서 그들 미국인들과 부딪치며 느끼는 미국, 미국인은 상상과 다르다. 일상에서 접하게 되는 그들의 일에 대한 자세와 일 처리는 또 다른 의미에서 혀를 내두르게 한다.

재미교포들은 가끔 한국인의 '빨리빨리' 정신이 일을 대충 처리하고 마는 결과를 초래한다며 미국인의 일에 대한 자세와 비교하곤 한다. 물론 전혀 근거 없는 비난은 아니다. 그렇다면 과연 그들이 그렇게 한국 사회를 성토할 만큼 미국인의 일처리가 훨씬 야무지고 뛰어난가?

"I have no idea." "I don't know." 길거리에서 길을 물었을 때 돌아옴직한 대답이지만 그렇지도 않다. 실은 백화점이나 상점들, 인터넷이나 위성방송 서비스, 병원 등의 민간 기업이나 단체 혹은 관공서 등에서 업무와 관련된 질문을 할 때 자주 돌아오는 대답이다. 자신이 모를 경우에는 다른 직원이나 내부전화 등을 통해 알아보거나 그래도 안 될 경우 다른 곳으로 문의하라는 식의 우리의 상상과 기대를 충족시켜줄 그 미국인들의 친절함을 실생활 속에서는 찾아보기 힘들다.

그러나 이는 다소 나은 상황이다. 민원으로 고객이 와서 말을 걸어도 전화상의 사적 대화는 끊이질 않는다. 이에 다시 한번 주의를 환기시키려 하면 오히려 검지 손을 치켜들고 이쪽을 가리키며 주의를 준다. '기다리라니까!'라는 표정과 더불어 말이다. 고객의 일처리 과정에서 서류 1장을 집어야 하는 창구 건너편의 한 공무원. 그런데 네일 아트로 잘 다듬어진 긴 손톱으로는 종이 한 장 집기가 쉽지 않은 일. 몇 번이고 안간힘을 써보지만 잘 집히지 않으니 바라보는 이쪽이 더 안달난다. 결국 옆 사람을 불러 집어달라고 한다.

위의 예는 물론 매우 작은 한 부분일 수도 있다. 그렇지만 주미 외국인들은 이와 같은 경험을 몇 번씩은 겪었을 것이다. 실제로 필자가 미국에서 생활하던 중에도 직접 경험했을 뿐아니라 주위의 외국인들의 어이없는 경험 또한 적지 않게 지켜봐 왔다. 아파트 임대나 운전면허 취득에 관한 그들의 반복적인 실수, 은행구좌 개설이나 개인수표 발행을 둘러싸고 몇 번이고 발걸음을 옮겨야 했던 시간적·정신적 낭비, 자동차 구입이나 전화선 매입을 둘러싼 논쟁 등 그들의 엉성한 일처리 때문에 어이없다 못해 실제로 피해를 보는 경우도 적지 않았다.

한 일본인은 어떤 주에서 대법원 관련 업무를 보던 중 그곳

관계자들의 엉성한 일처리에 가슴을 쓸어내릴 뻔한 큰 낭패를 당했는가 하면, 한 중국인 판사는 다른 주 정부와의 업무에서 역시 그들의 꼼꼼치 못한 업무자세로 인해 한참 동안 신경성 위장병을 앓지 않으면 안 되었다고 한다. 그런데 이와 같은 경험이 비단 우리들에게만 한정된 것이 아니었다. 미국의 다른 지역으로 간 지인들도, 아울러 우리보다 먼저 도미한 사람들도 겪었으며 우리보다 나중에 온 사람들에게도 반복되는 그야말로 고질적인 행위였으니 말이다.

그런데 이 모두는 주미 외국인들이 미국화되는 과정 속에서 나타나는 아무렇지도 않은 일이라고 한다. 그래서인지 미국인들은 이러한 이야기에 대해 그저 무덤덤하기만 하다. 그 결과 이처럼 엉성하고 대충 처리하는 일처리를 더 이상 믿고 맡길 수 없어 응대한 사람의 성명과 방문일시 및 시각 혹은 전화상담한 정확한 시간과 상대자 등을 메모, 이후의 '오리발'에 철저히 대비하는 삶의 지혜를 얻게 되었다.

이와 같은 이유에서 「월스트리트저널」은 2003년에 발생한 미국 캘리포니아 정전과 관련하여 전력과 보안 전문가들의 말을 인용, 미국의 전력망 시스템 운영은 언제 어떠한 사고나 외부공격이 일어나도 이상하지 않을 정도로 안전 불감증이 심각하다고 보도한 것이 아닐까. 위에서 서술한 컬럼비아호 폭발 사건 역시 이와 같은 미국인들의 엉성하고 치밀하지 못한 일처리와 안전 불감증이 주 원인이었음은 이미 발표된 주지의 사실이지 않은가.

한편 이와 같은 미국 사회의 일처리에 대한 자세를 바라보며 할리우드 영화 등에서 익숙하게 보아온 최첨단 하이테크로 무장한 미국의 CIA나 FBI 요원들의 활약상에 대해 다시 한번 생각해 보게 된다. 그들과 직접 접하거나 경험해 본 적이 없어 더 이상의 언급은 무리겠지만 적어도 한 가지, 아무리 막강한 자금과 최첨단 장비로 둘러싸여 있다 한들 그들 역시 미국인이라는 기본적인 틀 안에서 벗어나기란 쉽지 않지 않을까.

커넥션 그리고 선물

우리는 흔히 미국적 사고는 사사로운 정이나 학연, 지연 등에 얽매이지 않는다고 들어왔다. 실력에 맞게 각 개인을 동등하게 대우한다는 것인데 과연 어떨까? 커넥션(connection). 영어는 다의어이기 때문에 이 단어에도 많은 의미가 실려 있다. 그렇지만 여기서 사용하는 이 단어의 의미는 중국어로는 '꽌시(關係)', 일본어로는 '코네(영어 connection을 줄여 일본어화한 것)', 우리말로는 '연줄'이나 '빽'쯤에 해당한다. 그런데 합리주의요 실력주의 사회라 일컬어지는 미국에서도 이 단어는 자주 회자되고 있다.

미국에서 인기를 끌고 있는 TV 법률드라마 「The Practice」. 보스턴 지역에 로펌을 둔 몇 명의 변호사들을 중심으로 그들이 수임한 각종 송사를 둘러싸고 벌어지는 일들을 드라마화한 프로그램이다. 그런데 이 프로그램을 보면 피의자는 물론이고 주인공인 변호사들조차 승소하기 위해 온갖 전술들을 사용하며, 그 수단 중 하나로 해당 사건에 유리하게 작용해 줄 다양한 커넥션을 찾아 이를 규제하는 법망을 교묘히 피해가며 활용하는 장면이 가끔 나오곤 한다. 이전에 현안 판사와 함께 일한 적이 있는 변호사를 새로 고용하는 식이다. 그런데 이 드라마는 현실생활에서 흔히 일어나는 일을 소재로 하여 '드라마 아닌 드라마'인 부분이 인기를 끄는 비결이라는데, 이는 무엇을 의미하나.

일본(특히 명문대학)의 경우 대학 3학년이 되면 이른바 '아오바 카리(푸른 잎 사냥)'라고 하여 직장인들이 엘리트 후배들을 자신의 회사로 끌어들이기 위해 모교를 방문하거나 혹은 학생들이 이들 선배를 찾아가 취업협력을 구하는 것이 일반화되어 있다. 이때 양 측을 맺어주는 유일한 끈은 '학연'이요, 여기에 '지연'이 더해지면 금상첨화가 된다. 그런데 이와 같은 실력검증이 전혀 안 된 '코네' 의지 현상이 미국에서도 예외는 아닌 듯하다.

일례로 미국의 대학생뿐만 아니라 직장인들조차도 직장을 옮기려 할 때는 학연을 비롯한 각종 커넥션을 알아보며 접근해 간다. 또한 일상생활에서 무언가가 필요할 때도 어김없이 각종 커넥션을 찾아 움직이는 것을 쉽게 찾아볼 수 있다. 이때는 (물론 받는 사람의 해석이야 전혀 다르게 나타나지만) 종종 각종 선물이 사용되기도 하는데, 이것이 매우 유용한 윤활유와 같은 역할을 할 때가 있다고 한다. 그와 같은 장면을 지켜보며

"미국에서는 이런 것이 통하지 않는다던데?"하고 짓궂은 질문을 던져보면 이때 돌아오는 대답, "이 정도는 선물이다. 선물 싫어하는 사람이 있겠는가?" 결국 사람 사는 곳이라면 어디든 간에 다양한 유혹이 있게 마련인 듯하다. 아무리 제도가 잘 정비되어 있어도 그로 인해 패가망신하는 사람 역시 어느 사회에나 존재한다.

한편 미국 내에 어떠한 학연이나 지연도 없이 오로지 미국행을 택한 외국인들의 미국 내 자립은 과연 어떠할까? 아메리칸 드림을 꿈꾸며 미국행을 고민하는 사람이라면 한번쯤 생각해 볼 충고 한마디. 아메리칸 드림을 달성하는 외국인이 없는 것은 아니다. 하지만 수십 수백만의 외국 유입자들 가운데 미국 내 마이너리티도 아닌 외국인이라는 최악의 배경으로 온갖 고초를 겪다 꿈을 이룬 극소수의 그들을 미국의 매스컴들은 가만히 놔주지 않는다.

마치 미국 사회는 그 누구도 그들과 같이 거대한 꿈을 달성할 수 있다는 식의 보도를 대대적으로 내보낸다. 지금 생활에 힘들고 어려워 혹시나 하며 미국행을 고려하는 그들에게 이 얼마나 희망적인 메시지이며 유혹이겠는가. 하지만 성공한 한 사람 뒤에는 수십 수백만 명의 실패자가 이국땅에서 또 다른 시련과 고초를 겪고 있다는 사실을 결코 간과해서는 안 된다. 모국에서는 겪지 않아도 되는 온갖 차별과 수모를 심각하게 고려해야 한다.

미국은 공화당 국가?

미국 성인 약 15,000명을 대상으로 「워싱턴포스트」지가 실시한 식생활에 관한 설문조사에 따르면 미국인은 1일 필요 칼로리의 25% 이상을 케이크, 쿠키, 파이, 아이스크림, 프린, 캔디 등에서 섭취하며 미국인 3명 중 1명은 1일 필요 칼로리의 45% 이상을 이들 식품으로부터 섭취하고 있다고 한다. 아울러 미국인 1인당 평균 냉동 프라이포테이토 섭취량은 연간 12kg(1960년의 연평균 1.3kg)이며, 1캔 당 약 10순가락 분량의 설탕을 포함한 탄산음료를 매일 평균 500㎖씩 섭취한다고 한다.

흔히들 비만은 만병의 근원이라고 한다. 그런데 미국에는 비만인구가 유난히 많다. 거리를 걷다 보면 우리 사회에서는 찾아보기 힘든 거구들이 쉽사리 눈에 띈다. 파도처럼 출렁이는 뱃살과 코끼리 엉덩이와도 같은 큼직한 엉덩이를 주체할수 없어 비만용 특수 제작차에 몸을 의지한 사람들도 어렵지 않게 눈에 들어오는데 그 원인은 과연 어디에서 비롯되는 것일까?

패스트푸드가 비만을 비롯한 건강상의 문제와 직결된다는 것은 이미 과학적으로도 입증되어 있다. 그런데 미국 성인 4명 중 1명은 매일 이와 같은 패스트푸드점을 찾아간다고 한다. 미국인들의 비만원인은 바로 이와 같은 미국의 음식문화에서 찾아진다. 미국인들이 가장 즐겨먹는 베스트 푸드인 콜라와 햄버거. 미국인들은 항시 이 두 음식을 달고 산다. 대학의 수업 중에도 회사의 일과 중에도 콜라를 벌컥벌컥 들이키며 업무가 바쁠 때는 치즈 얹힌 햄버거를 배달시켜 앉은 그 자리에서 해결하기도 한다. 디저트로는 몸서리쳐질 정도로 단 케이크나 쿠키. 미국의 이들 디저트는 정말이지 유난히 달다.

한편 직장인이나 학생들 가운데 점심도시락을 가지고 다니는 이들도 많다. 그런데 이 런치박스는 우리의 도시락과 같이 온갖 정성을 들여 만든 음식이 아닌 상점에서 구입한 빵 조각에 치즈를 얹거나 버터를 듬뿍 바른 것을 비닐봉지나 플라스틱 용기에 담아온 것이 대부분이다. 물론 그 옆에는 콜라가 빠지지 않는다. 런치박스를 가져오지 않은 사람들 중 상당수는 다양한 냉동음식이 구비되어 있는 주변의 자판기로 향한다. 구입 후 포장을 뜯어 곁에 놓여 있는 전자렌지에서 해동하는 것만으로도 아주 손쉽게 먹을 수 있기 때문이다. 후식으로는 역시 쿠키나 포테이토 칩 그리고 콜라를 먹는다.

레스토랑. 미국인의 체격을 고려할 때 이해되지 않는 것은 아니지만 여하튼 미국인의 1인분이란 우리가 먹는 1인분이 아니다. 주로 소식하는 일본인에 비하면 2.2인분이요, 한국식으로 하면 1.7인분 정도는 될 만큼 실로 엄청난 양이 그들의 1인분이다. 물론 기본발상이 '크면 클수록 좋다'는 미국적 사고에 적합한 음식들이므로 우리가 왈가왈부할 것은 아니지만 말이다. 미국 농무부에 의하면 미국인 가운데 건강한 생활에 필요할 만큼 과일이나 야채, 곡물류 등을 균형 있게 섭취하는 사람들은 2% 이하에 지나지 않는다고 한다. 상황이 이렇다 보니 병자가 아닌 한 살이 안 찌는 것이 이상할 수밖에 없다.

한편 대부분의 미국 중산층 가정에는 다양하고 멋진 일류 주방기구들이 구비되어 있다. 원래 과자나 쿠키, 케이크 등을 비롯한 웬만한 음식들을 집에서 만들어 먹는 관습이 있는 그들에게는 오븐 등을 비롯한 다양한 주방기구가 필수품이다. 그렇지만 구비하고 있다고 해서 사용하는 것은 아니다.

웬만한 음식 정도는 몇 분 내에 손쉽게 해먹을 수 있도록 디자인된 다양한 냉동식품의 천국 미국이니만큼 이들 주방용품들은 이제 한낱 주방의 장식품 정도에 지나질 않는다. 평상시 빈번하게 사용되는 것이라고는 냉동식품을 보관하다 녹이는 데 필요한 냉장고, 전자렌지나 프라이팬 정도일까. 미국인 가정에 초대받아도 나오는 것이라고는 배달해 오는 피자나 마요네즈와 계란 범벅이 된 샐러드, 슈퍼 등에서 구입한 프라이드치킨 등이 전부다.

이러한 음식문화와 더불어 주지하다시피 미국 생활은 사람을 도통 자기 발로 움직이질 않게 한다. 넓디넓은 국토를 가진 덕분에 생활필수품이 되어 버린 자동차. 가까운 슈퍼를 가더라도 햄버거를 사러 가서도 몇 발자국을 내딛는 것이 싫어 드라이브 트루(drive thru)를 이용하는 등 자동차 의존증이 매우 심각한 상태이다. 이에 더해 최근의 'Door to Door' 문화의 발달은 미국인들에게 열량소모의 기회를 한층 더 앗아간다.

잘 먹지만 잘 움직이지 않는 미국 사회의 생활양식. 부자들은 산해진미로 인해 비만해지고 서민들은 패스트푸드로 인해 비만해지는 사회. 그런데도 많은 미국인들의 신년소망(New year's Resolution)은 다이어트이다. 그리고 그 꿈의 실현을 위해 심혈을 기울여 피트니스 센터로 향하고 조깅이나 에어로빅 등에 매달려보지만 과연 얼마나 효과가 있을지는 미지수이다.

이렇게 볼 때 미국은 어쩔 수 없이 공화당(코끼리가 심벌) 국가일 수밖에 없을지도 모른다. 도처에서 활보하는 코끼리와 하마 엉덩이가 계속 늘어가고 있으니 말이다. 결국 미국의 광활한 국토환경, 비옥한 자원을 이용한 기름진 음식, 늘어질 대로 늘어진 생활패턴은 미국으로부터 비만을 떼려야 뗄 수 없는 불가분의 관계로 만들고 있다고 할 수 있다.

미국의 의료보험

미 인구조사국이 2003년 발표한 의료보험 가입실태 통계에 따르면 2001년부터 2년 연속 실업률이 증가하고 의료비가 급등함으로 인해 기업 등 고용주가 지원하는 의료보험 가입규모가 축소되었다고 한다. 따라서 의료보험 혜택에서 제외된 인구가 지난 한 해에만 240만 명이 늘어 14.6%에서 15.2%로 증가, 의료보험 미가입 인구가 4,360만 명에 이르게 되었다(참고로 2001년 미가입자는 4,120만 명이었으며 1990년에는 3,470만 명이었다). 전문가들은 의료보험 미가입자 증가의 가장 큰 이유가 보험료 부담으로 인해 의료보험 가입을 꺼리기 때문이라고 한다. 그런데 이 같은 사실은 빈곤층이 확대되고 중간소득 가정이 줄어들고 있음을 반영하는 것이다. 그렇다면 의료보험 미가입자의 증가란 과연 무엇을 의미하는가? 미국의 의료현실을 한번 들여다보자.

필자가 아는 어느 지인의 4살 난 아이가 감기로 인해 열이 나서 병원에서 주사를 한 대 맞았다고 한다. 그런데 약까지 수령하고 난 후 받은 청구서에는 약 300불이 기재되어 있었다고 한다. 또 다른 지인은 아들과 장난을 치다 그만 윗니 하나가 조금 깨지며 흔들리게 되었다. 비교적 저렴하다는 곳을 소개받아 찾아 간 치과에서 흔들리는 이를 뽑고 새로 넣어야 한다는 진단을 받았는데, 그 소요 비용은 무려 4천 불이었다. 비록 의료보험에 가입되지 않은 상황이었다고는 하지만, 이 두 케이스는 왕복항공료를 포함한다 해도 한국에서 이 하나를 갈아 넣는 것이 훨씬 저렴하다는 소문을 확인할 수 있는 경우였다.

그런데 만약 이러한 일이 우리나라에서 발생했다면 이 정도의 엄청난 금액은 상상하기도 힘든 일이다. 우리나라에는 전 국민이 어떠한 형태이건 간에 의료보험에 가입되어 혜택을 받고 있기 때문이다. 그러면 왜 세계 제일의 경제대국 미국에서 이러한 현상이 빚어지는 것일까?

미국의 의료수준은 더 이상 언급할 필요도 없이 자타가 공인하는 세계 최고의 수준이다. 그런 만큼 미국의 의료비가 비싼 것도 이해될 수는 있다. 하지만 가뜩이나 고액인 의료비를 더욱 비싸게 하는 원인은 바로 미국에는 우리와 같은 국민건강보험제도가 없기 때문이다. 즉, 미국 의료제도의 특징을 요약하면 모든 국민이 가입해야 하는 국민건강보험이 없어 그로 인해 환자 측이 지불해야 할 의료비의 절대액수가 다른 국가들에 비해 너무 높다는 특징을 지니고 있다. 물론 미국에도 공(公)적 건강보험제도가 있기는 하다. 그런데 그 의료보험은 단지 65세 이상의 고령자와 신체장애자를 대상으로 하는 메디케어(Medicare)와 저소득층만을 대상으로 하는 메디케이드(Medicaid)이며, 미국의 전체 인구 가운데 약 25%만이 이 혜택을 받고 있다. 그렇다면 이 범주에 해당되지 않는 사람들은 어떻게 하나?

우선 대기업이나 단체에 소속되어 있는 사람들은 고용주가 복리후생의 일환으로 의료비의 상당 부분을 부담해 주므로 그럭저럭 괜찮다. 하지만 그러할 여력이 없는 중소기업이나 자영업 등에 종사하는 사람들은 그야말로 속수무책이다. 메디케어의 대상은 아니지만 보험료까지 지불할 형편이 안 되는 일하는 일반 서민들이 일하지 않는 사람들보다 더 큰 위험에 노출되어 있는 웃지 못할 상황이 전개되는 것이다.

그런데 보험에 가입되지 않은 사람은 받아주지 않는 병원도 있으므로 웃어넘길 수만은 없는 일이다. 참고로 이와 같은 상황으로 인해 미국 아동들 7명 중에 1명이 의료보험 혜택을 못 받고 있다고 한다. 한편 선진 25개국 가운데 국민건강보험제도를 갖지 않은 나라는 미국뿐이라고 하니 어쩌면 바로 이러한 엄청난 의료비 부담 때문에 미 국민들이 바라는 압도적인 새해 소망이 다이어트라는 것도 이해가 되며 평상시 그토

록 몸 관리에 신경 쓰는 것도 수긍이 간다.

상황이 이러하니 미국에서는 현재 비만의 질병 인정 여부를 두고 논쟁이 한창이다. 「워싱턴포스트」지 인터넷 판에 의하면 비만에 대한 판결을 둘러싸고 과학자, 연방정부, 보험회사 간에 치열한 공방이 벌어지고 있는데, 만일 비만을 질병으로 인정하게 될 경우 '비만환자'는 다른 환자처럼 치료받을 때 세금공제 혜택을 받을 수 있게 된다. 이에 따라 미국의 수많은 비만인구들은 자신을 비만환자로 인정해 줄 것을 요구하고 있다.

한편 미국 비만인구의 저변확대는 전통적인 장례문화까지 바꿀 지경에 이르렀다. 「뉴욕타임스」에 의하면 비만자를 위한 대형관인 '골리앗'은 가격도 일반 관보다 8백~3천 달러 정도 더 비싸며 골리앗의 운구차량 역시 일반 운구차량보다 클 수밖에 없다고 기술하고 있다. 동 잡지에 의하면 장례 대행업자들은 유족들이 분노하지 않도록 비대하다는 표현 대신 "고인이 좀 불편해 보인다"는 점잖은 표현을 사용한다는데, 이처럼 생전의 비만은 죽어서도 고비용을 감당하지 못해 고인을 화장하게 되는 케이스가 늘고 있다고 전하고 있다.

1회용 천국, 미국

1회용 컵, 1회용 접시 등의 형태로 미국이 소비하는 종이는 단연 세계 1위로 13억 인구 중국의 약 10배인 1인당 연간 300

kg에 이른다. 플라스틱 소비량도 단연 세계 1위로 1시간에 250만 병의 플라스틱 병을 폐기하고 있다. 뉴욕 시에서는 500 km 이상 떨어진 다른 주에 매일 20톤 트럭 600대 분의 쓰레기를 운반해서 버리고 있다. 미국 전체의 쓰레기량은 매년 2억 2천만 톤 이상이며 1인당 매일 2kg으로 역시 세계 최고 수준이다. 또한 세계 인구의 5% 미만을 차지하는 미국이지만 전세계 석유량의 25%를 소비하고 있다. 미국인의 1인당 이산화탄소 배출량은 중국인의 7배에 달하며 개발도상국 평균 약 10인분에 해당한다. 미국에서는 달리는 자동차만으로도 매일 180만 톤의 이산화탄소를 배출 중인데, 캘리포니아 주의 배출량만 해도 한국이 배출하는 이산화탄소량의 서너 배에 해당한다.

이 세상에 하나밖에 없는 유한 자원인 지구. 지구의 지속적인 개발을 위해서는 전세계적인 공동대응 및 협력이 필요함은 더 이상 언급할 필요조차 없다. 우리 사회 저변에서도 이미 정착되다시피 한 쓰레기의 분리수거 역시 우리 일반인들이 실천할 수 있는 가장 가까운 환경보호이자 지속적인 개발의 일환이다. 그런데 일반 미국인의 환경의식은 과연 어떠할까? 결론부터 말하자면 미국인의 환경의식은 우리가 일상생활에서 실천하는 만큼에도 미치지 못하는 듯하다. 이에 대해 몇 가지 예를 들어 살펴보자.

먼저 미국 생활의 필수품 중의 하나인 자동차. 연료 소비등급 1등급이니 2등급이니 하는, 이미 우리와도 친숙하게 된 연비기준이 미국 자동차에는 쉽사리 보이지 않는다. 광활한 대지를 마치 기분 좋고 편안하게 달리면 그만이라는 듯한 사고가 자동차 구매의 최대기준인 것 같아 보인다. 이를 반영하듯 실제로 미국에서 달리고 있는 자동차의 상당수가 디젤차다. 세계 각국의 자동차 메이커들이 최첨단 기술을 개발, 배기가스를 최소화하려는 움직임이 이곳에서는 아직도 강 건너 불구경인 셈이다.

이렇다 보니 국민 1인당 이산화탄소 배출량이 다른 선진국을 모두 포함한 양보다 2배나 많은 수치를 나타낸다. 주지하다시피 이산화탄소는 지구온난화의 주범이다. 따라서 전세계가 미국 사회의 대량소비, 대량파괴 시스템에 심각한 문제를 제기하며 지구온난화방지를 위한 국제협약인 도쿄의정서 체결을 권하였지만 미국은 일언지하에 거절하였다. 체결하게 되면 생활이 다소 '불편'해지기 때문이다. 상황이 이렇다 보니 국제환경회의에 참가한 미국 대표들은 비난의 표적이 되기 일쑤이며, 이 같은 이유로 인해 2000년에는 미국 대표가 얼굴에 파이세례를 맞기도 했다.

이번에는 쓰레기 문제. 쓰레기 대국 미국은 규모 면에서도 종류 면에서도 엄청난 양의 쓰레기를 양산한다. 그럼 여기서 그들의 쓰레기 분리수거의 현황에 대해 알아보자. 일단 미국에도 대부분의 주(州)가 연소 가능한 쓰레기와 연소 불가한 쓰레기를 분류하는 식으로 분리수거가 이루어지고 있다(그러나 우리처럼 비닐, 종이, 빈 병이나 캔, 플라스틱 그리고 음식용 쓰레기처럼 세세하게 구분되어 있지는 않다). 그렇지만 분리수거의

효과는 쓰레기를 버리는 측의 참여의식에 크게 좌우되게 마련
인데 연소 가능한 쓰레기와 연소 불가능한 쓰레기를 구분하지
못해서 그런지 공공장소나 아파트 공용 수거장에는 거의 항상
분류되지 않은 상태의 쓰레기들이 넘쳐난다.

섬세하고 꼼꼼하지 못한 미국인이니만큼 쓰레기를 일일이
분류해서 버리는 것이 쉽지 않을 수도 있겠다. 그렇다면 그만
큼 덜 쓰기라도 해야 하는데 오히려 여타 어느 나라 사람들보
다 훨씬 많은 쓰레기를 배출하지 않는가. 슈퍼에 가도 우리는
일회용 비닐 1장에 돈을 지불하는 식으로 환경보호를 실천하
고 있지만, 미국은 몇 장이건 몇 십장이건 얼마든지 가져갈 수
있도록 되어 있다. 패스트푸드점이나 레스토랑, 화장실을 가
도 약간의 양만 써도 충분한 냅킨이나 휴지를 몇 장씩 그야
말로 '통 크게' 사용한다. 또한 사용하지 않고 남은 것도 그대
로 버리는데, 때문에 쓰레기통 주변은 항상 사용되지도 않은
채 버려진 쓰레기들로 너저분하다.

환경의식과 관련해 한 가지 더 언급하고 싶은 것이 있다.
바로 다름 아닌 푸르른 잔디이다. 잔디는 전술한 바처럼 일반
미국인들이 꿈꾸는 아메리칸 드림의 하나요, 사회적 지위를
나타내는 중요 척도의 하나이다. 복잡한 도시에서 어느 정도
경제력이 쌓이게 되면 한적한 교외로 나가 푸르른 잔디가 드
리워진 정원 딸린 주택을 소유한다는 꿈 말이다.

그런데 문제는 이 잔디를 잔디답게 유지하기 위해서 자연
환경에 미치는 악영향이 크다는 점이다. 잔디의 푸른색을 유

지하기 위해서는 연중 대량의 물이 필요하다. 잔디를 가꾸지 않을 때면 수도요금이 40% 정도 줄게 된다는 통계도 이를 뒷받침한다. 또한 쑥쑥 자라는 잔디의 속성상 잔디 손질기를 사용한 꼼꼼한 손질이 필수불가결한데, 이들 기계는 주로 가솔린이나 경유 등을 사용하므로 이로 인한 공기오염 또한 무시할 수 없다. 아울러 아름다운 잔디를 위해서는 각종 농약사용이 필요하니 그로 인한 토지오염은 또 어떠한가.

미국인의 학교교육

미국의 교육제도는 우리와 같이 대부분의 경우 초등, 중고교의 6년·3년·3년제도를 채택하고 있다. 그렇지만 주에 따라서는 8년·4년제, 6년·6년제, 4년·4년·4년제나 5년·3년·4년제도를 채택하는 곳도 있다. 아울러 각급 학교는 사립학교를 제외하고는 각 지역의 구나 군 등의 기초자치단체가 운영하므로 공립학교이지 국립학교가 아니며 18세까지 무료로 공부할 수 있다. 이렇게 볼 때 일단 고교과정까지는 학비 걱정이 없다. 그런데도 왜 많은 미국인들이 공립학교가 아닌 학비도 비싼 사립학교에 자녀들을 보내려 할까?

우선 미국의 공립학교에 대한 지원은 너무도 미미하다. 물론 이는 부족한 연방예산 탓이 적지 않지만, 그렇다 해도 교육에 대한 지원이 국방비 등과는 비교가 안 될 정도로 열악하다. 따라서 대부분의 공립학교는 자력으로 그 재원을 조달해야 하며 그 주요재원은 각 학교가 속해 있는 지역의 고정자산세 수입이다. 그런데 이를 둘러싸고 또 다른 사회문제가 야기된다.

예를 들면 부유층들이 주로 모여 사는 지역은 자연히 땅값이 비싸며, 그에 따라 그만큼의 고정자산세가 유입되므로 학교운영에 여유가 생긴다. 그렇지만 가난한 지역의 학교는 수입이 부족할 수밖에 없으며, 이는 학교의 시설 및 운영 등에 직결된다. 아직도 급식을 못 하거나 양호실조차 제대로 갖추지 못한 학교가 존재하는 것도 이 때문이다. 상황이 이렇다 보니 이러한 학교에는 우수한 교사나 학교 스태프진이 오길 꺼려하며 설상가상으로 범죄확률도 높아 학교치안을 담당하는 사설 경비 등의 부가비용이 다른 지역보다 더 많이 발생한다.

그러므로 이러한 학교가 속한 거주지역 부모 가운데는 동일한 주(州) 내 다른 지역으로 자녀만 위장 전입시켜 교육시키는 등 각종 편법을 자행하게 된다. 여유가 있는 사람들은 거주하는 주에서 교육을 포기하고 아이비리그 등이 몰린 특정 지역으로 자녀를 보내거나 가족이 전부 이주하는 경우도 많다. 그런데 다른 미국 땅으로 가족 전체가 이주하는 것은 결코 쉬운 일이 아니니, 이쯤 되면 교육을 위한 한국의 특정 지역 집중현상은 비교할 바도 아니다.

그런데 이와 같은 교육목적 편법 전입이나 가족이주를 재촉하는 데는 그만한 이유가 있다. 많은 미국 기업들이 선호하는 엘리트 사원이란 일단 초일류대학 출신으로 한정되는 경우가 적지 않기 때문이다. 이러한 상황에서는 제 아무리 성실하고 유능한 인재일지라도 초일류대학 출신이 아니라면 밑에서부터 지루하게 계단을 밟아 올라가야 한다. 결국 학력과는 무관하게 실력으로 결정되는 나라라고 인식된 우리 머릿속의 미국은 사실 우리의 생각과는 달리 철저한 학력·학벌사회인 것이다.

한편 미국 대학의 문호는 누구에게나 개방되어 있다고 한다. 실력만 있으면 어느 대학이든지 갈 수 있다는 것이다. 물론 이는 어느 정도 일리가 있는 말이다. 실력 있고 생활력 강한 사람이라면 약간의 행운이야 필요하겠지만 장학금을 받아 동부의 초일류대학으로도 진학할 수 있기 때문이다. 하지만 이러한 행운이 실제로 과연 얼마나 많은 사람들에게 돌아갈까? 미국 대학들은 수익은 고려하지 않은 채 장학금 지급에만 열정을 쏟는 것일까? 자유민주주의 최대 국가이므로 교육의 기회도 누구에게나 공평하게 주어지면 좋으련만 현실은 그렇지 않다. 미국은 세계 최대의 자본주의 국가가 아닌가.

미국의 초일류대학으로 가는 길은 실력이나 성실함만으로는 부족하다. 그 외에도 상당한 재력이 없으면 사실상 멀고도 험한 것이 현실이다. 미국의 경우 대부분의 초일류대학은 아이비리그를 보면 알 수 있듯 동부지역에 집중되어 있다. 이들 초일류대학은 학비만 해도 연간 3만 불을 가볍게 넘지만, 이들 대학이 위치한 동부지역은 미국 내에서도 생활비가 가장 비싼 곳에 속한다. 그러니 미국인 샐러리맨의 연간 평균소득(2003년 현재 약 34,000불)을 고려할 때 특별한 지원이 없는 한 이곳으로의 진학은 사실상 요원하다.

상황이 이렇다 보니 미국 정부는 초일류대학의 특정 지역 편중현상과 이로 인한 각종 폐해를 막고자 각 주에 이들 학교에 버금가는 신흥 주립 명문대학들의 육성에 심혈을 기울여 왔다. 캘리포니아 주립대학, 미시간 주립대학, 위스콘신 주립대학, 미네소타 주립대학, 텍사스 주립대학 등이 그에 해당한다. 그리하여 각 주의 우수 재원들을 각 주 명문 주립대학으로 끌어올 수 있었다. 하지만 이들 주립대학에 다니는 우수 재원들의 상당수는 동부 초일류대학으로의 미련을 채 버리지 못한다. 아무래도 전체 미국 사회에서 두각을 나타내기 위해서는 이들 대학과의 깊은 연관이 필요하기 때문이다. 그렇다면 이는 무엇을 의미하는가?

결국 미국 사회도 학력이 매우 중요한 사회라는 것이다. 1998년의 통계지만 중졸 평균 연봉이 16,053달러임에 비해 고졸은 23,694달러, 대졸은 43,782달러였고 대학원 석사취득은 63,473달러로 나타났다. 위 통계 중 고졸과 대졸의 차이는 거의 2배 가까운 수치를 보여주고 있는데, 20년 전에는 1.5배 미만의 수준이었다고 한다.

또 다른 예를 들어보자. 미국 사회를 이끌어가는 변호사들. 이러한 변호사가 되려면 미국변호사협회가 인정한 로스쿨을 졸업해야 하므로 이들 로스쿨은 미국 사회에서 가장 선망받는 곳 중 하나이다. 그런데 로스쿨을 졸업하고 법학실무박사(JD)를 취득하고 실력이 출중해 로스쿨의 교수를 하는 사람들 가운데에도 Ph.D.를 취득하려 하는 사람이 적지 않다. 학교 중의 학교 로스쿨을 나오고, 또 로스쿨의 교수를 하면서도 또 다른 학위를 추구하는 사람이 적지 않다는 것은 비단 학문에 대한 열정에서 기인되는 현상만은 아니다.

미국 교육에는 국가는 없고 기업만이 존재한다

한편 수입이 여의치 않은 공립학교는 보다 많은 운영비를 마련해야 하기 때문에 불가피하게 공립학교의 상업화가 진행될 수밖에 없다. 이에 대해 애리조나 주립대학이 발표한 「교육현장의 상업주의 Commercialism in Education Research Unit」에 따르면 특정 기업과 개별 학교 혹은 학교자치구 사이의 독점 계약, 기업홍보를 노린 스폰서 활동 등 사기업에 의해 이루어지고 있는 미국 공립학교의 상업화는 매년 다양한 형태로 가속화되고 있다고 한다. 이에 신성한 교육현장의 상업화를 우려하는 시민단체들은 미국 교육에는 국가는 없고 거대 기업만이 존재한다고 탄식하는데, 미국의 취학 연령 가운데 공립학교에 다니는 아동들은 아직도 90%에 이른다.

그렇다면 위와 같은 교육환경에서 미국 학생들의 실력은 과연 어떠할까? 단적인 수치를 인용하자면 선진 25개국 가운데 미국 중학생들의 수학실력은 21위이며 기초과학 실력은 그

나마 다소 나은 10위권이다. 이러한 상황은 비단 수학이나 과학 등의 분야에만 국한되는 이야기가 아니다. 즉, 자기 연령에 필요한 기본적인 읽기와 쓰기 능력을 갖추지 못한 학생들 또한 적지 않으며, 한 통계에 따르면 초등학교 4학년의 경우 31%, 고교 3학년의 경우 약 40%가 이에 해당한다고 한다.

이와 같은 미국 교육의 질적 하락 때문에 앨런 그린스펀 연방준비제도 이사회(FRB) 의장조차 2004년 2월 미국 기업이 외국인들을 고용함으로써 미국인에 대한 고용기회가 줄어든다고 하는 것은 설득력이 떨어진다고 성토하고 있다. 상원에 출석한 그는 미국인들의 생활수준을 위협하는 것은 아시아로 일자리가 유출되는 것이 아니라 미국의 교육수준이 갈수록 떨어지고 있는 점이라며, 학생들의 실력을 향상시켜 미국인 근로자들의 숙련도를 끌어올리면 일자리의 해외 아웃소싱 문제도 자연히 해결된다고 주장하고 있다.

인정사정 볼 것 없다

제로 톨레랑스(Zero Torelence), 간단히 말해 '인정사정없이 처벌하겠다.' 이것이 어떤 식으로 학교교육과 연관되는가? 한편 미국 학교 하면 자유로운 분위기 속에서 토론하는 모습이 연상되기 십상인데 과연 그럴까? 너무도 다른 문화와 관습들이 공존하는 미국의 특성은 학교의 교육환경에서도 여실히 드러난다. 그렇지만 교육에 관한 한 미국의 '자유라는 미명하의 속수무책 정책'에는 제한이 가해진다. 그렇지 않을 경우 교육 자체가 이루어지기 힘들기 때문이다. 이러한 배경에서 고육지책으로 교육을 위해 엄한 규칙과 이에 대한 철저한 적용 및 관리, 즉 제로 톨레랑스가 필요하다고 여기게 된 것이다. 그 예를 들어보자.

미국 학교에서는 우선 세세한 도덕이나 윤리교육을 기대하기 힘들다. 그도 그럴 것이 서로 다른 문화와 관습 아래 서로 다른 도덕과 윤리관을 갖고 있기 때문이다. 따라서 인종이나 문화, 관습과는 무관하게 전 인류에게 공통적으로 수용 가능한 도덕윤리의 최대 공동분모를 추출하여 가르치는 수준에 불과하다.

한편 미국 사회의 다채로움 중 부(負)의 측면 역시 학교에서 그대로 모방되거나 재연되곤 한다. 우리 사회에서 사회문제로 떠오르는 '왕따'나 일본의 '이지메'는 미국과 비교했을 때 아직은 나은 상황이라 할 수 있을지도 모른다. 참고로 미국에서는 매년 약 12,000건의 총기에 의한 자살건수가 발생하는데, 그 중 10세에서 19세까지의 청소년들의 총기자살 빈도는 6시간에 1명꼴의 비율로 발생하고 있다. 각 학교에는 금속 탐지기가 설치되어 있어 총기류 반입을 철저히 통제하고 있지만, 총기류의 교내 반입은 끊이지 않고 있다. 이로 인해 15세 이하의 청소년들이 총기에 의해 교내에서 살해당할 확률도 단연 세계 최고이다.

상황이 이쯤 되니 학교에서는 학생이거나 미성년자라는 신분이 고려되질 않는다. 일단 유사시에는 정학이나 퇴학 혹은 교육위원회나 경찰에 통보하는 등 가차 없는 엄벌이 가해진다. 이런 식으로 철저하게 응징함으로써 유사 사건이나 범죄 등을 방지하기 위해서이다. 이렇듯 미국의 학교는 사실상 엄격한 교칙 아래 철저한 관리와 감시가 이루어지고 있다. 때문에 자율과 자유를 주장하는 학생들과 학교 경영진 사이에는 마찰이 끊이질 않고, 실제로 학교 측의 각종 '감시'에 프라이버시가 침해당했다며 학생들이 학교나 교육위원회를 제소하는 경우도 심심치 않게 나타난다.

한편 이와 같은 교육의 질적 저하 및 학내의 각종 문제라는 복잡한 교육실정으로 인해 미국에서는 부모들이 자신의 자녀를 학교에 보내지 않고 자신들이 직접 교육시키는 케이스가 나날이 늘고 있다. 미국 헌법수정 제1조가 규정하는 국민의 기본권 가운데 '사교육을 받을 권리'에 의해 일정 조건이 갖춰지면 가정에서 이루어지는 교육도 정규교육으로 인정받는 것이 가능하기 때문이다. 그런데 그 일정 조건이란 다름 아닌 거주지의 학교구가 자택교육의 필요성과 교육시킬 부모의 교육능력을 인정하기만 하면 된다. 이런 식으로 대학진학도 가능하므로 현재는 취학연령 아동 50명 중 한 명꼴로 홈 스쿨 교육을 받고 있는 실정이다. 그런데 홈 스쿨 교육을 통해 실력 향상은 기대할 수 있을지 몰라도 그들의 사회성에 대한 문제는 여전히 불씨로 남아 있다.

이런 상황에서 백년지계를 담당하는 미국의 교육부는 과연 무엇을 하고 있을까? 사실 미국 연방정부 산하의 교육부가 독자적인 부로 독립한 것은 근래 1960년대의 일이다. 이렇게 어렵사리 독립하였음에도 불구하고 각 지역의 자주성을 주장하는 목소리는 수그러들지 않아 급기야 1996년의 대선에서는 교육부 폐지론이 이슈가 되기도 하였다. 이러한 상황에서 미 교육부의 역할을 기대하기란 쉬운 일이 아님이 분명하다.

참고로 미국의 교육환경을 둘러싼 또 하나의 심각한 문제에 대해 알아보자. FBI에 의하면 미국 폭력범죄 희생자 중 23%가 미성년자라고 한다. 또한 미국의 평균적인 미성년자가 주 28시간 동안 TV를 시청하며, 이를 통해 성년이 되기까지 약 16,000번의 살인 장면과 20만 건의 폭력 장면을 접하고 있다고 한다. 그러다 보니 아직 확고한 가치관과 사고방식이 정립되지 않은 미성년자들이 각종 범죄 장면을 모방하거나 혹은 실제로 범죄에 가담하게 되는 확률이 다른 국가 미성년자에 비해 압도적으로 높게 나타난다고 한다. 이러한 생활환경에다 학교에서 이루어지는 부실한 정신교육은 미성년자들을 나날이 폭력적으로 만들며 교육환경도 더욱 황폐화시키는 악순환을 거듭하고 있다는 것이다.

그러다 보니 날로 심각해지는 미성년자에 의한 범죄에 대해 미국 대부분의 주들은 이미 1992년경부터 성년범죄와 동일하게 취급하도록 하는 법안을 채택, 범죄사안에 따라서는 소년원이 아닌 일반 형무소에서 그 죄 값을 치르게 하고 있다. 그런데 심신이 아직 성숙하지 않은 그들이 일반 형무소에 들어가게 될 경우 다른 성인 수형자나 간수들에 의해 온갖 수모를 겪게 되고, 더 악질적인 범죄수법을 전수받게 되니 범죄의 악순환은 꼬리에 꼬리를 물 수밖에 없다. 참고로 일반 형무소에 들어가는 미성년자 수형자들의 자살확률은 미성년자 보호감별소나 소년원과 같이 그들만의 전용시설에 수감되는 수형자들의 자살확률보다 약 8배나 더 높다고 한다.

한편 '미성년자의 인권 천국' 미국은 2003년 현재까지도 유엔이 정한 '아동을 위한 권리조약'을 비준하지 않고 있다. 기아, 전쟁, 폭력이나 빈곤으로부터 청소년을 보호함과 동시에 모든 청소년의 균등한 교육과 의료, 건전한 가정환경 권리를 규정한 동 조약을 미국이 비준할 수 없는 이유는 과연 무엇일까?

지금 미국은 내전 중

미국에서는 10초에 1정꼴로 총기가 생산되며 9초마다 1정이 수입되고 있다. 미국에는 이미 2억 정 이상의 총기가 있으며, 10년 전인 1994년만 해도 이미 28만 명이라는 총 딜러가 존재해 왔다. 이는 맥도날드 햄버거 점포수의 24배에 해당하는 숫자이다. 연간 주류 판매허가료는 1,750달러이지만 총기류 거래를 위해서는 단지 66달러면 충분하다. 그 결과 미국에서는 한 해 3만 명이 넘는 사람이 총기에 의해 살해당하며 부상자는 매년 10만 명을 넘어서는데, 이는 캐나다의 약 7배요 영국의 약 16배에 달하는 수치이다. 총기와 관련해 미국 사회가 지불하는 국가비용도 엄청나다. 무려 1천 3백억 달러에 이르는데, 이는 2003년도 한국의 국가예산을 상회하는 금액이다. 그럼에도 미국인의 75% 이상은 자유로운 총기소유권이 보장되어야 한다고 주장한다. 이러한 어마어마한 희생을 치르면서도 총기를 지니려고 하는 이유는 과연 무엇일까?

2003년 미 워싱턴 주 고교 교실에서는 총을 쏜 17세의 남학생이 경찰과 대치하던 중 경찰이 쏜 총에 맞아 중상을 입었다. 미네소타 주 소재 중학교에서는 학생 1명이 총기를 난사해 동료학생 1명이 숨지고 1명은 중태에 빠지는 사건이 발생했다. 메릴랜드 주에서는 4살짜리 사내아이가 집안에서 총알이 장전된 총을 발견하고 이를 발사, 누나를 숨지게 하고 형을 중태에 빠뜨리는 사건이 발생했다. 이는 미국에서는 더 이상 뉴스거리가 아닌 일상의 모습들이다. 참고로 미국에서 15세 미만의 청소년이 총기사(死)를 당할 확률이 선진 25개국보다 무려 16배나 높다고 한다.

미국의 헌법수정 제2조는 국민의 무기 휴대권리에 대해 '규율 있는 민병은 자유로운 주의 안보에 필요하므로 무기를 소장하고 휴대하는 인민의 권리를 침해할 수 없다'고 규정, 일반 국민들의 총기류 소지를 합법화하고 있다. 이를 근거로 미국사회에는 이미 2억 수천만 정의 각종 총기가 범람하고 있으며 매년 약 3백만 정이 출하되고 있다. 범죄력과 정신장애력 등이 없는 일반 성인이라면 누구든 주유소 숫자보다 더 많이 분포되어 있는 총기판매업자를 통해 손쉽게 총기를 구입할 수 있다. 총기류와 주류, 담배를 관할하는 부서가 동일하다는 점에서 총기에 대한 미국인의 의식을 짐작할 수 있다. 우리의 사고에 근거하면 상당히 멀고 특수하게 느껴지는 총기류를 일상생활용품인 주류와 담배 등과 동일한 차원에서 관리, 감독하고 있음은 무엇을 의미하는가.

총기류가 이렇게 간단히 소지가능하며 실제로 각 가정마다 평균 5정 이상의 총기류를 보유하고 있는 현 상황에서 다혈질적인 기질을 지닌 미국인들이 각종 총기사고를 낼 소지는 다분해 보인다. 2002년 10월 초에 발생한 워싱턴 지역 연쇄살인 사건은 이와 같은 맥락에서 볼 때 충분히 예견된 사건의 하나일 뿐이다.

사태가 이러하니 미국 경찰도 우리 경찰들과는 꽤 다른 모습일 수밖에 없다. 자유라는 미명하에 '하도록 내버려 둘 수밖에 없는' 미국이지만, 그래도 국민의 안위와 밀접하게 관련된 것만큼은 확실하게 지켜주지 않으면 안 된다. 또한 법 집행관인 경찰의 피해 역시 끊이질 않는 상황이므로 범죄행위에 대한 미국 경찰의 자세는 매우 단호하고 매섭다.

경우에 따라서는 가혹하다 싶을 정도로 강력하게 대처한다. 그렇기 때문에 할리우드 영화에서 익숙한 장면, 일단 범죄가 발생할 듯하면 엄청난 속도로 달려가는 순찰자의 모습과 순식간에 도처에서 몰려 든 경찰관계 차량으로 인해 아수라장이 되곤 하는 사건현장의 모습은 미국에서 흔히 목격되는 장면들이다. 이와 같은 미국 사회에서 경찰 1명이 도보로 거리를 순찰하는 우리 경찰의 모습이나 '오마와리상(항상 주위에 있는 분)'이라는 애칭으로 불려지며 자전거를 탄 채 천천히 거리를 순찰하는 일본 경찰의 유유자적함은 상상할 수 없다. 미국 경찰은 오로지 물리력에만 의지한 채 한순간도 방심할 수 없는 환경에 놓여 있는 것이다.

등잔 밑이 위험한 미국

필자가 거주한 바 있는 미네소타 주. 미국 내에서도 치안이 안전하다고 알려진 곳이며 이곳에서도 로즈 빌이라는 미네소타 주에서도 가장 안전하다는 한 곳에 거주하였다. 그렇지만 때때로 순찰차의 급박한 사이렌 소리가 들려왔으며 야간에는 방안의 정적마저 깨뜨리는 총소리도 간간히 들려왔다. 한 번은 뉴스를 보니 미네소타 주 소재의 한 초등학생이 집에서 숙제를 하던 중 밖에서 날아 온 총탄에 의해 사망한 사건이 보도되었다. 물론 이러한 일이 빈번하지는 않아 사건뉴스로 보도된 것이지만, 그 사건을 보며 야간에 들려오던 총소리가 연상되어 쓸쓸하였다.

아무 죄 없는 어린이가 집안에서조차 어이없이 죽임을 당하는 마당에 도대체 어느 곳이 안전하다는 말인가. 중서부의 평온한 미네소타 주의 실상이 이럴진대 동부의 뉴욕이나 서부의 로스앤젤레스 등과 같은 대도시의 치안은 과연 어느 정도일까. 이 때문에 미국이라는 나라의 우물 밖 세상을 어느 정도 아는 미국인들은 순찰차 사이렌의 급박함이 두렵지 않고 총기로부터 자유로운 우리 사회를 부러워하고 동경하는 것이리라.

한편 미국 각 주의 형법은 세세한 요건은 다르지만 거의 공통적으로 주거침입(burglary)을 중죄로 규정, 살인무기를 사용한 정당방위(self-defense)가 가능하게 되어 있다. 그러다 보니 주거침입은 죽을 각오를 하거나 혹은 사실상 자기를 죽여줄 사람을 찾으려는 의도에서나 가능하므로 다른 범죄에 비해 상대적으로 저지르기가 어렵다. 그런데도 주거지에서의 총기살인이 끊이질 않는 이유는 무엇일까? 그 이유는 간단하다. 주거지 내에서 발생하는 총기사고는 다름 아닌 가족이나 친인척에 의해 발생하는 것이 대부분이기 때문이다. 외부침입자나 전혀 모르는 타인에 의한 주거지 내 살해는 전체의 14%에 불과하다. 결국 미국에서 더욱 주의하고 경계해야 할 자들은 바로 한 지붕 아래서 함께 숙식하고 있는 사람들인 것이다.

그렇다고 이제 와서 총기류를 규제할 수도 없고 그대로 방치하자니 그 피해가 나날이 심각해 진퇴양난의 상황에 놓여 있는 미국 사회. 그 상시적인 내전상태에 익숙해진 채 일상을 보내는 미국인들이 대단하기만 하다.

모든 사람은 평등하며?

미국 독립선언서는 다음과 같이 시작된다. "우리는 다음의 사실을 자명한 진리로 확신한다. 즉, 모든 사람은 태어나면서부터 평등하며……."

미국 역사상 아프리카계 미국인 민권운동가로 가장 잘 알

79

려진 두 사람은 바로 마르틴 루터 킹 목사와 말콤 엑스이다 미국 역사는 이 두 사람을 온건한 통합주의자와 과격한 아프리카계 미국인 분리주의자의 대표 격으로 평가하고 있다. 실제로 말콤이 죽기 전 실시된 한 조사에 따르면 당시 뉴욕의 아프리카계 미국인들조차도 건달이며 전과자인 그를 약 6% 정도만이 지지하였다고 한다. 그런데 당시보다 인종차별이 상당히 완화되었다고 하는 지금, 말콤 엑스는 전체 아프리카계 미국인 중 84%로부터 지지받고 있다. 동일한 미국인이지만 실제로는 아프리카계 미국인과 백인 미국인 사이에는 아직도 엄청난 차이가 있음을 반증하는 것이다.

미국 남부 및 기타 지역에서 아메리칸 드림을 좇아 들어오게 된 대도시 뉴욕. 그들은 뉴욕 일각에 옹색한 둥우리를 튼 채 희망에 부푼다. 하지만 이도 잠시, 선천적으로 부모 피부를 물려받은 이들을 기다리는 것은 단지 검다는 이유에 의한 홀대와 천시이다. 좌절감과 울분에 젖은 같은 처지의 사람들이 하나 둘씩 몰려들기 시작하며 이렇게 할렘은 형성된다.

그렇지만 그 할렘에도 이제 새 빛이 들기 시작했다. 도시미화정책의 일환으로 칙칙하고 악취에 찌든 낡은 건물들을 신축 건물로 재건축하여 보다 살기 좋은 곳으로 탈바꿈시키고 있는 것이다. 그런데 이러한 새 빛의 수혜자는 과연 누구일까? 참고로 아프리카계 미국인 밀집지역의 경제지표는 세계최빈국 방글라데시보다 떨어진다고 한다.

자본주의 체제에서 할렘의 새 주인은 결국 살기 좋게 바뀐

건물에 입주할 만큼의 재력을 소지한 사람들이다. 할렘에 흑백이 교차하게 됨을 바라보던 기존 주인들은 애환을 뒤로 한 채 정든 그곳을 떠나게 된다. 그런 그들이 갈 곳이라곤 누구도 말리지 않고 누구도 환영하지 않는 도시의 구석구석. 그래도 이전에는 갈 곳이 없어 거리나 지하철 입구에서 구걸하던 사람을 가엾이 여겨 동정하기도 했지만, 지금은 구걸 그 자체가 범죄가 되다시피 하니 결국 할렘에서 뿔뿔이 흩어진 정든 이들은 하나 둘씩 교도소에서 재회하게 된다.

이와 같이 소위 '사회생활 낙오죄'로 교도소로 향하게 되는 미국인들의 대부분은 단연 아프리카계가 가장 많으며, 남미 출신의 라틴계 미국인들이 그 뒤를 잇는다. 이러한 그들이 결국 교도소 적체현상에 기여, 전미의 수형자 수는 1972년 약 20만 명에서 2002년에는 220만 명을 훨씬 상회하게 되었다. 우리나라로 치면 인천이라는 도시 인구의 대부분이 수형자인 셈이다. 이 가운데 60%가 아프리카계 미국인인데 이에 대해 컬럼비아 대학의 테리 윌리엄 교수는 19세부터 25세까지의 아프리카계 미국인 청년 가운데 3명 중 한 명이 복역, 집행유예 아니면 보호감찰중이라고 한다. 상황이 이렇다 보니 교도소 공급이 턱없이 모자라 현재 미국 전역에서는 교도소 신축붐이 일어나고 있다. 생각건대 아무리 교도소를 많이 신축한다고 한들 그것이 어떻게 범죄를 막는 근본적 대책이 되겠는가. 한편 이 신종 유망 건축사업의 최대수혜자는 가진 자들이며 그들의 대부분은 백인이다.

미국 사회의 활화산과 화약고

2002년 12월, 미국 공화당의 트렌트 롯 상원 원내총무는 공화당의 원로의원 스트롬 서몬드 상원의원의 100세 기념파티에서 1948년에 대통령 선거에 출마했던 그(대표적인 인종차별주의자)가 아프리카계 미국인의 인종격리정책을 계속하였더라면 미국이 더욱 나아졌을 것이라는 취지의 인종차별지지 발언을 해 물의를 일으켰다. 이후 그는 재선을 의식한 부시와 공화당 측의 압력에 의해 사퇴하였다. 이렇게 여당인 공화당의 상원 원내총무가 대중 앞에서 당당하게 이런 발언을 했다는 것이 놀라울 따름인데 실상을 알고 보면 그렇지도 않다. 미국의 위정자들 중에는 표면적으로 나타나지 않을 뿐 그와 같은 사고를 가진 자들이 적지 않기 때문이다.

지금으로부터 20여 년 전인 1980년대 후반만 해도 이른바 백인지상주의자들은 불황으로 인한 백인 중산층의 피해를 교묘하게 이용하여 실업의 원인을 아프리카계 미국인이나 기타 소수민족, 외국인노동자에게 전가시키는 식으로 세력을 키워왔다. 이에 대해 미국유대인위원회(AJC) 조사에 따르면 "KKK, 스킨헤드, 네오나치 등 백인지상주의 활동가들의 숫자는 약 6, 7만 명 정도로 추산된다. 표면적인 숫자는 그리 많지 않지만 그들이 모여 특정 지역에서 일을 벌일 경우 그 지역사회가 느끼는 공포는 실로 엄청날 것이다. 게다가 실제로 활동하는 이들 외에도 이들과 같이 백인지상주의를 지지하는 사람들을 합친 수는 그 수십 배에 달하므로 이들이 사회혼란기에 또 다른 일을 벌이면 그 문제는 대단히 심각할 수밖에 없다"고 보고하고 있다.

세계 제일의 자유민주주의 국가라는 미국에서 인종차별은 존재할 수 없다. 적어도 법적으로는 말이다. 하지만 어디 법질서가 사람들의 일상생활 구석구석에까지 모두 파고들어갈 수 있겠는가. 법치국가 미국의 인종차별 금지법도 이와 같은 괴리를 지니고 있다. 실생활에서 바라볼 때 미국의 인종문제는 아직도 활동 중인 활화산이요, 또 언제든지 폭발할 수 있는 화약고와 같다. 실제로 약 25년 전후로 크고 작은 인종갈등이 발생하고 있는 상황이지 않은가.

이렇듯 2004년 현재, 미국에는 아직도 흑백이 대립중이다. "2003년 미시간 법과대학 입학에서는 백인에 대한 역차별이 발생했을 정도인데 아직도 인종차별 운운하는 것은 타당하지 않다"고 항변하는 백인들. 이에 차별받아본 적이 없음을 인정하는 아프리카계 미국인. 백인과의 공동사회에서는 차별이 있겠지만 아프리카계 미국인 사회에서만 지내온 사람들에게는 차별을 느낄 분위기가 없다고 한다.

차별이란 것도 어느 정도 기본이 되어야만 받을 수 있는 신분상승을 위한 특권이라는 것이다. 이러한 상황에서 '모든 인종은 평등하다'는 미국 사회의 슬로건이나 전술한 미국 독립선언서의 전문은 아직까지는 말 그대로 미국 사회의 목표이며 이상에 불과할 뿐이다.

지구는 미국을 위해 돈다

　미국의 건국목적을 살펴보면 '언덕 위의 국가' 건설이라는 의식이 있다. '언덕 위의 국가'란 신에 의해 선택받은 사람들이 신에게 부여받은 장소에 건설하는 국가로 널리 모범이 되어야 하는 집단을 이른다. 그렇다면 이들 언덕 위의 국가에 사는 미국인들의 국제관·세계관은 과연 어떠할까? 흔히들 미국 하면 세계의 중심 국가이며 다종다양한 인종과 민족, 관습, 문화가 공존하므로 외래적인 것에 대해 그만큼 관용적이고 융합적이라 생각하기 쉬운데 실상은 과연 어떠할까?

　세계의 중핵국가 미국. 이를 반영하듯 이민이나 유학 등을 통한 미국으로의 유입은 끊일 줄 모르니 그만큼 관대하며 개방적일 수밖에 없다는 미국. 그러나 유감스럽게도 이 역시 우리 머릿속의 기대만큼은 아니다. 물론 미국인 전부가 그렇다는 것은 아니다. 뉴욕이나 시카고 혹은 LA 등 이른바 외국과의 왕래가 빈번한 곳의 사정은 다소 나을 수 있겠지만, 외국과의 직접적인 교류가 적은 대부분의 미국인들은 미국이라는 커다란 우물 안의 개구리라고 표현해도 무방할 것이다. 미국인의 '언덕 위의 국가관'과 광활하고 풍요로운 국토자원이 미국인의 세계관 형성에 크게 기여한 듯하다. 선택받은 국가 미국인지라 지구는 미국을 위해 돌고, 따라서 여타의 모든 국가와 외국인들은 미국을 위해 존재한다는 듯한 그들의 의식. 이러한 의식은 그들의 일상생활에서도 뚜렷하게 나타난다.

우리는 일반적으로 외국인과 교류할 때 그들의 언어, 관습, 문화 등을 체득하려고 노력한다. 그러나 미국인들은 외국어나 외국관습, 문화에 그다지 관심을 가지지 않는다. 따라서 그들과 교제하려면 그들의 언어를 사용해야 하며 그들의 관습과 문화에 의거하여 옳고 그름이 결정되곤 한다. 이런 식으로 그들의 비위를 잘 맞추면 좋은 국가요 훌륭한 친구가 되니 비위를 잘 맞추는 부시의 푸들, 영국과 일본 정치인이 그 대표적인 예일 것이다. 한편 방대한 국토를 자랑하는 미국의 성인 가운데는 자신이 태어나서 자란 주(州)를 벗어나 본 적이 없는 사람들도 많다. 천혜의 자연자원 속에 '등 따습고 배부른 생활'이 가능하므로 구태여 외국일에까지 관심을 가질 필요가 없다는 논리이다. 이런 전통으로 인해 지금의 미국인들 가운데도 외국은 고사하고 아직 미국 50개 주의 지정학적 위치조차 제대로 알지 못하는 사람들도 상당하다. 그러한 그들이 미국 밖의 세상에 대해 지식과 이해가 부족함은 당연한 일이 아닐까.

미국관이 곧 세계관

미국인을 미국이라는 우물 안에 가둔 채 살찐 개구리로 만드는 가장 큰 공신으로는 역시 미국의 위정자와 매스컴을 들수 있다. 많은 경우 미국 매스컴에 비친 세계의 모습은 미국보다 더 열등하고 낙후되었으며, 미국을 동경하는 모습이나 한낱 홍밋거리 혹은 웃어넘길 만한 사안, 아니면 미국에 대한 위협적인 모습 등이 방영되곤 한다. 그러다 보니 미국인들이 세계를 보는 시각과 세계인들이 미국을 보는 시각에는 적지 않은 괴리가 발생한다. 테러원인에 대한 시각차도 그 대표적인 예라 할 수 있다.

필자는 9.11테러와 같이 불특정 다수를 대상으로 하는 극악무도한 행위는 절대 있어서도 안 되고 또 절대 정당화될 수도 없다고 생각한다. 따라서 여기서는 테러 자체에 대한 언급은 생략한다. 주지하다시피 9.11테러 및 백색공포로 알려진 탄저균의 위협 등 미국은 테러에 대해 끊임없이 위협받고 있다. 그런데 이와 같은 테러가 발생하는 것에 대해 많은 미국인들은 단지 미국에 대한 부러움과 질투에서 그 원인이 비롯되었다고 생각하는 듯하다. 따라서 처음에는 대국답게 관대히 용서했지만, 점점 그 도가 심해지므로 철저하게 응징해야 한다는 입장으로 바뀌고 있다. 이와 같은 이유로 인해 미국 지상주의이며 미국을 택하지 않으면 테러분자요 곧 적이라는 지극히 단순한 흑백논리로 무장한 부시정권에 미국인들은 '시련을 겪으면 겪을수록' 열광적인 지지를 보내는 것이다. 이런 식으로 미국의 시련은 부시의 인기로 이어지고 있으니, 그는 9.11테러 1주기 인터뷰에서 지난 1년을 회고하며 '내 생애 최고의 한 해'라고 즐거워하지 않았던가.

미국에서 생활한 지 20년이 넘은 한 외국인, 그도 역시 미국 시민권을 소유한 미국인이다. 그런데 그의 말에 따르면 미국인은 미국관으로 세계를 인식하고 있다고 토로한다. 다시 말해 세계의 여기저기에서 문제가 일어나고 마찰이 빚어지고 있는 것은 미국적인 시스템이 아직 잘 전달되지 않았기 때문이므로 미국적인 것들을 더 많이 보급하고 전파함으로써 많은 나라들을 미국과 같은 훌륭한 국가로 발전시켜야 한다는 것이다.

이러한 맥락으로 보면 자신들이 그렇게까지 도와주는데도 등에 칼을 꽂는 국가들의 배은망덕을 용서할 수 없다고 분노하는 미국인들이나 이 때문에 미국의 고립주의로의 회귀를 주장하는 미국인들도 이해가 되기는 한다. 제한된 정보만을 기초로 하면 그럴 수도 있지 않을까.

이처럼 미국 같은 초일류 정보대국 국민들이 아프가니스탄 전이나 이라크 전과 같이 외국전쟁을 쉽사리 수용하는 이유도 바로 위와 같은 이유에서 이해가 가능하다. 미국에는 베트남 전이라는 쓰라린 교훈이 있다. 종군기자들의 활약에 힘입어 당시 미국에는 피아를 막론한 전쟁의 비참함이 그대로 전달, 결국 미국 사회에 거대한 반전 분위기를 일으키는 데까지 연결되었다. 그런데 이를 잘 간파한 부시정권은 전쟁의 진실이 알려짐으로써 야기될 수 있는 반전 분위기를 방지하고자 대 아프가니스탄 보복전쟁을 보도하는 매스컴에 적잖이 신경을 썼으며 다음이 그 일례이다.

미국의 대 아프가니스탄 보복전쟁은 9.11테러로부터 26일이 지난 10월 7일에 시작되었다. 수주일 후 보스턴과 워싱턴에 사무소를 둔 랜던 그룹이라는 광고대리점은 미 국방성인 펜타곤과 계약을 체결했다. 당시 펜타곤의 홍보대표는 "우리들의 전략적 상담에 바로 응해줄 PR회사가 필요했다. 우리들이 전세계와 바로 커뮤니케이션이 취해질 수 있도록 조치해줄 파트너가 필요했기 때문이다"며 계약체결 이유를 밝혔다. 이 랜던 그룹은 CIA를 통해 후세인 전복을 노리는 '이라크 국민회의'의 홍보활동을 수행하는 미국 정부의 PR회사이다.

이와 같은 미국 정부의 PR전략은 비단 이번 전쟁뿐 아니라 이전 1991년의 대 이라크 전에서도, 2002년의 이라크 전에서도 그대로 활용되었다. 미군의 폭격으로 인해 숨져나가는 무고한 이라크인들의 모습보다는 죽은 개의 목을 물어뜯으며 그 피 묻은 입으로 미국에 대해 결사항전을 부르짖는 이라크인들의 모습이나 장중한 음악을 배경으로 전사당한 미군의 생전 모습과 오열하는 가족의 모습을 반복하여 보여주며 미국인을 세뇌시키고 있는 것이다.

뿐만 아니라 아프간 보복전에서 미국 정부는 아프가니스탄 및 그 주변의 위성방송 독점권을 전부 구입했다. 이후 대통령 안보보좌관 라이스는 전미의 주류 TV네트워크 대표들을 불러모아 빈 라덴이 찍혀 있는 비디오테이프를 반드시 편집한 후 방영하도록 요청했다. 빈 라덴이 비디오테이프 속에서 미국 정부에 요구하고 있는 내용 가운데는 미국 정부에 불리한 사안들도 있기 때문이다. 물론 이와 같은 요구는 전미의 주류 신문사들에도 이뤄졌다.

미국인들이 신주단지 모시듯 철저히 신봉하는 미국 헌법. 그 수정조항 제1조에는 표현 및 언론, 집회, 결사의 자유가 규정되어 있다. 어떠한 역사의 험로 속에서도 소중히 엄수되어 온 그 1조 조항이 이제는 한낱 몇 자의 끼적거림으로 전락하고 말았다. 9.11테러 이후 부쩍 눈에 띄게 된 거리의 성조기를 바라보며 눈물을 글썽거리는 미국인들. 미국에 반하는 테러와 '악의 무리들'에 대한 처절한 응징을 주장하는 위정자들을 열렬히 환호하는 미국인들. 필자에게는 그들이 미국의 위정자들과 매스컴이 빚어낸 또 하나의 희생양이며 불행이라 여겨져 침통하기 그지없다.

참고로 미국 매스컴은 미국인에게 한국의 이미지 역시 낡은 편견을 갖도록 하고 있다. 주한미국 상공회의소 회장 윌리엄 오벌린의 말에 따르면 미국인에게 '한국' 하면 과격한 시위대가 우선 떠오른다고 한다. 미국인의 눈에는 CNN 방송을 통해 비쳐지는 한국의 모습이 상당히 위험하게 느껴져 주한미국인의 미국 내 친지들은 그들의 신변에 대한 걱정이 대단하다고 한다. 실제로 그 역시 1985년 한국에 오기 전까지는 다른 미국인들처럼 한국 하면 6.25의 빛바랜 후진국의 이미지와 사회세력들이 타협점을 찾지 못하고 싸우기만 한다는 '흑백' 이미지만을 가지고 있었다고 한다. 하지만 그 이후 한국에 살면서 한국의 다양한 사회상을 깨닫고 자신의 편견에서 벗어나게 되었다고 한다. 그런데 문제는 미국 내에 있는 대다수 미국인들의 변함없는 고정관념이다. 한국 사회도 변했고 또 변화하고 있지만 아직도 두텁고 깊은 우물 안에서 배부른 개구리에 머물고 있는 미국인들. 거대하다고는 하지만 미국이라는 또 하나의 우물 안에서 미국 밖의 세상을 여과기를 통해 바라보지 않으면 안 되는 그들이 새삼 가엽게 여겨진다.

미국인과 해외미군, 이라크 파병

이라크에 주둔하고 있는 미군들의 교체를 둘러싸고 미국에는 또 다른 고민이 있다. 현재 이라크에서는 한국군 파병지인 키루쿠크 지역에서도 테러가 발생하는 등 무장 저항세력들의 공격이 나날이 거세지고 있다고 한다. 이에 따라 워싱턴의 부시는 적잖이 당혹스러워하고 있다. 실제로 부시가 전투상황 종식을 선언한 이후 미군의 사망자 수는 이미 전쟁 수행 중보다 더욱 많은 숫자를 기록하고 있으니 말이다. 이에 따라 럼스펠드 국방장관은 이라크에 근무하는 전투부대들과 지원부대가 거의 대부분 교체될 것이며 미국의 예비군 및 주(州) 방위군 병력 4만 3천 명을 포함, 약 8만 5천 명이 이라크 파병 명령을 받았다고 말한다. 한편 이와 같은 미군교체 전략에 따라 새로이 파병준비 명령을 받은 미군 가운데는 '예비군 및 주 방위군'이 포함되어있는데 우리에게 낯선 개념인 주 방위군이란 도대체 어떤 집단을 가리킬까? 또한 미국의 정규군과 예비군은 각각 어떠한 역할을 맡고 있는 것일까?

현역과 예비역으로 나눠지는 미 연방군은 육, 해, 공군의 3군 및 해병대와 해안경비대(coast guard)의 5군 체제로 구성된다. 이 연방군과 후술할 주 방위군의 최고사령관은 미국 대통령이며, 연방군의 작전통제는 대통령-국방장관-통합참모본부의장으로 하달되는 지휘계통에 의해 이뤄진다. 이에 비해 일반적으로 주 방위군이라 불리는 주병(州兵, national guard)은 미합중국을 구성하는 각 주의 병력을 가리킨다. 유사시에 연방군으로 포함되게 되어 연방정규군의 또 하나의 예비군이라는 성격을 띤 그들은 육군과 공군으로 구성되어 있으며, 현역과 예비역으로 나눠지는 것은 연방군과 동일하다.

한편 주 방위군이 되기를 희망하는 사람은 어느 정도의 보수를 지급받으며 그 대가로 매년 2주 정도의 동원훈련을 포함한 약간의 정기적인 군사훈련을 이수해야 한다. 그런데 이러한 육군 주 방위군의 훈련은 연방정부의 관리감독 하에 연방의 육군교관에 의해 이루어진다. 하지만 이들은 연방공군과는 별도로 전투기 등의 주 방위군 고유 병력을 보유하기도 한다.

이와 같이 연방군, 주 방위군 등의 개념 및 역할상의 복잡함 때문에 미국의 '확실한 유사시'가 아닐 때는 주 방위군을 사용하려는 미국 대통령과 반대하는 주지사 간에 이해충돌이 빚어지기도 하였다.

최근 들어 국제사회에서 나날이 기세가 등등해지고 있는 미국의 위상에 맞춰 미군의 해외파병이 계속적으로 증가하고 있다. 이에 따라 이들 예비역들의 해외파병도 늘어날 수밖에 없는데, 여기서 그들은 말 못할 심각한 삶의 문제에 직면하게 된다. 이들 예비역들은 일반적으로 보통의 직업을 갖고 있는 지극히 평범한 미국인들이다. 그들의 대부분은 군대 제대자들이거나 혹은 군인이 되기를 바라는 40대 중반 정도까지의 젊은 남자들로 구성된다. 그들은 평상시에는 군대활동과 무관하게 평범한 각자의 직장생활에 종사하다가 매년 약 2주 정도의 병영훈련 및 몇 번에 걸친 주말 집체훈련을 받으며, 그 대가로 소정의 보수를 지급받는 것이다.

그런데 이들이 일단 정부로부터 동원령을 하달 받게 되면 연방현역군인들과 다를 바 없는 신분이 되며, 이러한 구속은 미 국방부에서 소집을 해제할 때까지 무한정 지속된다. 바로 이와 같은 곳에서 그들의 고뇌가 발생한다. 즉, 지금과 같이 이른바 테러와의 전쟁이니, 악의 축과의 전쟁이니 하며 소집 상태가 지속되자 그들의 동원횟수 및 동원기간이 급격히 증가하게 되었고 이라크 전에서와 같은 해외파병도 장기화되기에 이르렀다. 이에 따라 그들의 직장 및 가정 등에서 불화가 끊이지 않는 등 각종 불이익이 누적되고 있는 것이다.

이들 예비역들이 미국의 유사 사태 발생으로 인해 평상시 다니던 직장에 양해를 구하고 해외파견을 명받았다고 하자. 하지만 단기간의 해외근무야 다니던 직장에서도 관대하게 이해하고 넘어갈 수 있지만, 파병기간이 길어지면 길어질수록 본인들과 본국에 남겨진 가족들은 서서히 경제적 어려움을 겪게 된다. 미 사병의 대부분이 경제적으로 어려운 집안 출신이거나 학력이 높은 편이 아니므로 그들이 종사하는 직업은 주로 세탁소나 상점 등의 자영업이 많은데, 생계원인 상점을 닫아놓은 채 해외파병근무에 장기간 시달리게 되면 재정수입에 적잖은 타격이 초래된다는 것은 쉽사리 짐작할 수 있는 일이다.

뿐만 아니라 파병이 장기화되면 될수록 본국에 남은 가족들과도 갈등이 생긴다. 오랜 기간 동안 별거하다 보면 부부관계가 소원해지고, 이에 따른 불상사와 이혼이 발생하기도 하니 이러한 사정은 실제로 예비역으로 해외에 1년 이상 파견된 사병들의 이혼율이 일반 가정보다 2배 가깝게 높다는 보고를 통해서도 확인할 수 있는 사실이다. 그런데 설상가상으로 예비역들을 어렵게 만드는 것은 오늘날과 같이 한 치 앞을 내다보기 힘든 기업 환경 속에서 많은 기업들이 동원된 예비역들의 이익을 보호해 주기보다 당장 자신들의 앞가림에 정신이 없다는 점이다. 바로 이와 같은 이유로 인해 속전속결이라는 감언이설에 파병된 그들 및 그 가족들은 동원기간이 길어질수록 부시행정부에 대한 원성을 드러내지 않을 수 없게 되는 것이다.

참고문헌

Schaefer, Richard T., *Racial and Ethnic Groups*, UpperSaddle River, 2000.

Duchak, A., *A-Z Modern America*, New York : Routledge, 1999.

Faragher, John M., et al., *Out of Many : A History of the American People*, UpperSaddle River, 1997.

Morris, Jeffrey B., et al(eds.), *Encyclopedia of American History, New York : Harper Collins Publishers, 1996.

Mauk, D. & Oakland, J., *American civilization : An Introduction* London York : Routledge, 1995.

Garraty, John A., *The Story of America*, Austin : Holt, Rinehart and Winston, Inc., 1991.

Rocca, Al M., *America's Story*, Boston:Houghton Mifflin Company, 1990.

有賀貞編,『エスニック状況の現在』, 日本國際問題研究所, 1995.

川島剛平ほか編,『地図で讀むアメリカ―歴史と現在』, 雄山閣.

日本アメリカ文學, 文化研究所編,『アメリカ文化ガイド』, 荒地, 2000.

円道まさみ,『アメリカってどんな國?』, 新日本出版, 2002.

池田智ほか,『早わかりアメリカ』, 日本實業出版, 2000.

柳澤賢一郎編,『2時間でわかるアメリカのしくみ』, 中経出版, 2000.

미국인의 발견

펴낸날	초판 1쇄 2004년 4월 15일
	초판 3쇄 2018년 10월 23일

지은이	우수근
펴낸이	심만수
펴낸곳	(주)살림출판사
출판등록	1989년 11월 1일 제9-210호

주소	경기도 파주시 광인사길 30
전화	031-955-1350 팩스 031-624-1356
홈페이지	http://www.sallimbooks.com
이메일	book@sallimbooks.com

ISBN	978-89-522-0217-1 04080
	978-89-522-0096-9 04080(세트)

089 커피 이야기   eBook

김성윤(조선일보 기자)

커피는 일상을 영위하는 데 꼭 필요한 현대인의 생필품이 되어 버렸다. 중독성 있는 향, 마실수록 감미로운 쓴맛, 각성효과, 마음의 평화까지 제공하는 커피. 이 책에서 저자는 커피의 발견에 얽힌 이야기를 통해 그 기원을 설명한다. 커피의 문화사뿐만 아니라 커피에 대한 일반적인 정보 및 오해에 대해서도 쉽고 재미있게 소개한다.

021 색채의 상징, 색채의 심리

박영수(테마역사문화연구원 원장)

색채의 상징을 과학적으로 설명한 책. 색채의 이면에 숨어 있는 과학적 원리를 깨우쳐 주고 색채가 인간의 심리에 어떤 작용을 하는지를 여러 가지 분야의 사례를 통해 설명한다. 저자는 색에는 나름대로의 독특한 상징이 숨어 있으며, 성격에 따라 선호하는 색채도 다르다고 말한다.

001 미국의 좌파와 우파   eBook

이주영(건국대 사학과 명예교수)

진보와 보수 세력의 변천사를 통해 미국의 정치와 사회 그리고 문화가 어떻게 형성되고 변해왔는지를 추적한 책. 건국 초기의 자유방임주의가 경제위기의 상황에서 진보-좌파 세력의 득세로 이어진 과정, 민주당과 공화당의 대립과 갈등, '제2의 미국혁명'으로 일컬어지는 극우파의 성장 배경 등이 자연스럽게 서술된다.

002 미국의 정체성 10가지 코드로 미국을 말하다   eBook

김형인(한국외대 연구교수)

개인주의, 자유의 예찬, 평등주의, 법치주의, 다문화주의, 청교도 정신, 개척 정신, 실용주의, 과학 · 기술에 대한 신뢰, 미래지향성과 직설적 표현 등 10가지 코드를 통해 미국인의 정체성과 신념을 추적한 책. 미국인의 가치관과 정신이 어떠한 과정을 통해서 형성되고 변천되어 왔는지를 보여 준다.

058 중국의 문화코드

강진석(한국외대 연구교:

중국의 핵심적인 문화코드를 통해 중국인의 과거와 현재, 문명:
형성 배경과 다양한 문화 양상을 조명한 책. 이 책은 중국인의 ㄷ
표적인 기질이 어떠한 역사적 맥락에서 형성되었는지 주목한ㄷ
또한, 구체적이고 실제적인 여러 사물과 사례를 중심으로 중국역
의 사유방식에 대해 설명해 주고 있다.

057 중국의 정체성　　eBook

강준영(한국외대 중국어과 교4

중국, 중국인을 우리는 과연 어떻게 이해해야 하나? 우리 겨레의
역사와 직 · 간접적으로 끊임없이 영향을 주고받은 중국, 그러ㄷ
서도 아직까지 그들의 속내를 자신 있게 말할 수 없는, 한편으로
는 신비스럽고, 한편으로는 종잡을 수 없는 중국인에 대한 정체싱
을 명쾌하게 정리한 책.

015 오리엔탈리즘의 역사　　eBook

정진농(부산대 영문과 교수

동양인에 대한 서양인의 오만한 사고와 의식에 준엄한 항의를 혔
던 에드워드 사이드의 오리엔탈리즘. 이 책은 에드워드 사이드의
이론 해설에 머무르지 않고 진정한 오리엔탈리즘의 출발점과 ㄱ
과정, 그리고 현재와 미래의 조망까지 아우른다. 또한 오리엔탈리
즘이 사이드가 발굴해 낸 새로운 개념이 결코 아님을 역설한다.

186 일본의 정체성　　eBook

김필동(세명대 일어일문학과 교수)

일본인의 의식세계와 오늘의 일본을 만든 정신과 문화 등을 소개
한 책. 일본인을 지배하는 이데올로기는 무엇이고 어떤 특징을 가
지는지, 일본을 주목해야 하는 이유는 무엇인지 등이 서술된다. 일
본인 행동양식의 특징과 토착적인 사상, 일본사회의 문화적 전통
의 실체에 대한 분석을 통해 일본의 정체성을 체계적으로 살펴보
고 있다.

261 노블레스 오블리주 세상을 비추는 기부의 역사

예종석(한양대 경영학과 교수)

프랑스어로 '높은 사회적 신분에 상응하는 도덕적 의무'를 뜻하는 노블레스 오블리주. 고대 그리스부터 현대까지 이어지고 있는 노블레스 오블리주의 역사 및 미국과 우리나라의 기부 문화를 살펴보고, 새로운 시대정신으로 노블레스 오블리주를 부활시킬 수 있는 가능성을 모색해 본다.

396 치명적인 금융위기, 왜 유독 대한민국인가 eBook

오형규(한국경제신문 논설위원)

이 책은 전 세계적인 금융 리스크의 증가 현상을 살펴보는 동시에 유달리 위기에 취약한 대한민국 경제의 문제를 진단한다. 금융안정망 구축 방안과 같은 실용적인 경제정책에서부터 개개인이 기억해야 할 대비법까지 제시해 주는 이 책을 통해 현대사회의 뉴노멀이 되어 버린 금융위기에서 살아남는 방법을 확인해 보자.

400 불안사회 대한민국, 복지가 해답인가 eBook

신광영 (중앙대 사회학과 교수)

대한민국 사회의 미래를 위해서 복지는 선택이 아니라 필수라고 말하는 책. 이를 위해 경제 위기, 사회해체, 저출산 고령화, 공동체 붕괴 등 불안사회 대한민국이 안고 있는 수많은 리스크를 진단한다. 저자는 사회적 위험에 대응하기 위한 복지 제도야말로 국민 모두의 삶의 질을 높일 수 있는 길이라는 것을 역설한다.

380 기후변화 이야기 eBook

이유진(녹색연합 기후에너지 정책위원)

이 책은 기후변화라는 위기의 시대를 살면서 우리가 알아야 할 기본지식을 소개한다. 저자는 기후변화와 관련된 핵심 쟁점들을 모두 정리하는 동시에 우리가 행동해야 할 실천적인 대안을 제시한다. 이를 통해 독자들은 기후변화 시대를 사는 우리가 무엇을 해야 할 것인지에 대하여 생각해 볼 수 있을 것이다.

eBook 표시가 되어있는 도서는 전자책으로 구매가 가능합니다.

(주)살림출판사
www.sallimbooks.com
주소 경기도 파주시 문발동 522-1 | 전화 031-955-1350 | 팩스 031-955-1355